超级链接

高质量共建
"一带一路"贸易大通道

王微　李汉卿　——著

GLOBAL NETWORK

PROMOTING THE HIGH-QUALITY DEVELOPMENT
OF THE BELT AND ROAD INITIATIVE

机械工业出版社
CHINA MACHINE PRESS

本书首先从宏观角度分析我国"一带一路"对外贸易发展的新趋势和新特点、机遇和挑战，提出共建"一带一路"贸易大通道的重点领域，从基础设施布局、枢纽经济培育、运输能力建设、国际通关合作等角度提出政策建议。其次分别从基础设施布局、运输及贸易便利化、专业服务网络、陆海新通道、空中通道建设、中欧班列创新发展、枢纽建设等方面详细分析现状、机遇、问题和挑战、政策建议。

本书内容是在国家社科基金重大专项课题"'一带一路'贸易大通道建设研究"成果基础上完成的。这是一项面向前沿、紧扣全球经贸发展趋势的研究，体现了中国将坚定不移推进与全球各国一道，共建"一带一路"高质量发展，推动构建人类命运共同体的理念。

图书在版编目（CIP）数据

超级链接：高质量共建"一带一路"贸易大通道 /王微，李汉卿著. —北京：
机械工业出版社，2023.3
ISBN 978-7-111-72704-0

Ⅰ.①超… Ⅱ.①王… ②李… Ⅲ.①"一带一路"－国际贸易－研究 Ⅳ.①F74

中国国家版本馆 CIP 数据核字（2023）第 036021 号

机械工业出版社（北京市百万庄大街 22 号　邮政编码 100037）
策划编辑：李新妞　　　　　责任编辑：李新妞　刘怡丹
责任校对：韩佳欣　王明欣　责任印制：任维东
北京富博印刷有限公司印刷
2023 年 6 月第 1 版第 1 次印刷
169mm×239mm・17 印张・1 插页・215 千字
标准书号：ISBN 978-7-111-72704-0
定价：69.00 元

电话服务　　　　　　　　　网络服务
客服电话：010-88361066　　机　工　官　网：www.cmpbook.com
　　　　　010-88379833　　机　工　官　博：weibo.com/cmp1952
　　　　　010-68326294　　金　书　网：www.golden-book.com
封底无防伪标均为盗版　机工教育服务网：www.cmpedu.com

序　言

2013 年，习近平总书记向国际社会提出共建"一带一路"倡议。十年来，在我国与沿线国家的共同努力下，共建"一带一路"实现了从愿景到行动、从"大写意"到"工笔画"的转变。这十年，我国积极开展与沿线国家双向投资和贸易交流，搭建起了"六廊六路多国多港"的互联互通格局，使更多国家间实现政策沟通、设施联通、贸易畅通、资金融通和民心相通，"一带一路"倡议已成为最重要的全球公共产品之一。这十年，我国与"一带一路"沿线国家的货物贸易额增长近一倍，使沿线国家搭上了中国发展快车，为沿线国家民众带来了福祉。"一带一路"倡议是践行人类命运共同体的实践平台。

物流是国务院发展研究中心市场经济研究所的重点政策研究方向之一，长期以来对推动我国物流政策、物流规划的研究制定做出了诸多开创性的历史贡献。随着百年变局加速演进，我们深刻感受到国际物流供应链体系正在加速调整，日益成为主要经济体全球战略的重要支点。"一带一路"倡议推动形成国际贸易大通道，将成为我国乃至更多沿线国家维护自身发展权益、维护全球产业链供应链稳定的关键领域，也将成为我国国际物流体系创新发展、加快制度型开放的政策前沿。

为此，近年来我们围绕国际物流供应链发展的热点、难点问题开展了一系列研究工作，包括促进中欧班列高质量发展政策、加快国际航空物流枢纽建设的战略研究、加快建设长三角世界级港口群形成一体化治理体系研究、西部陆海新通道建设及其对西部地区带动作用研究等，相关研究成果得到多位国务院领导的重要批示，对多个部委部署相关工作、制定出台文件起到了直接推动作用。在国家社科基金专项课题"'一带一路'贸易大通道建设研究"的支持下，我们精选近四年研究成果，按照"与世界相交，与时代相通""他山之石，可以攻玉""陆海统筹，天地一体""安全可控，韧性十足""地方案例，实践创新"五个主题结集出版，并对内容做了脱敏，以便将我们的研究心得和社会各界分享，也希望得到读者朋友的批评和帮助。

2023 年是共建"一带一路"倡议提出十周年。未来十年共建"一带一路"必将在更大范围、更高水平、更深层次上推进国际合作，也将推动"一带一路"贸易大通道建设及中国的国际物流体系建设迈上新台阶。后续我们还将继续进行深化研究，努力形成更多有价值、高质量的成果，更好地服务中央、服务大局、服务建设现代化国家的新征程。

王微 李汉卿

2023 年元月于北京

引　言

高质量共建"一带一路"贸易大通道，共同应对国际物流供应链变局

两千多年前，丝绸之路的阵阵驼铃响彻繁荣大地；如今，"一带一路"贸易大通道的丰硕成果遍布全球，"大道之行，天下为公"的美好愿景不断绽放光彩。"一带一路"倡议实施以来，在以习近平同志为核心的党中央坚强领导下，我国统筹谋划推动高质量发展、构建新发展格局和共建"一带一路"，坚持共商共建共享原则，把基础设施"硬联通"作为重要方向，把规则标准"软联通"作为重要支撑，把共建国家人民"心联通"作为重要基础，推动共建"一带一路"高质量发展，取得实打实、沉甸甸的成果，共建"一带一路"成为深受欢迎的国际公共产品和国际合作平台，我国成为140多个国家和地区的主要贸易伙伴，货物贸易总额居世界第一，形成更大范围、更宽领域、更深层次对外开放格局。

一、广泛国际共识不断凝聚

"一带一路"倡议得到越来越多国家和国际组织的积极响应，成为当今世界深受欢迎的国际公共产品和国际合作平台。截至 2022 年 7 月底，我国已与 149 个国家、32 个国际组织签署 200 多份合作文件，涵盖投资、贸易、金融、科技、社会、人文、民生等领域。同时，我国积极履行国际责任，在共建"一带一路"框架下，深化同各方发展规划和政策的对接。在全球层面，"一带一路"倡议同联合国 2030 年可持续发展议程有效对接，形成了促进全球共同发展的政策合力。在区域层面，"一带一路"倡议与《东盟互联互通总体规划 2025》、非盟《2063 年议程》、欧盟"欧亚互联互通战略"等区域发展规划或合作倡议有效对接，达成促进互联互通、支持区域经济一体化进程的共识。在共商共建

共享原则下，我国着力打造共商国际化平台与载体，"一带一路"国际合作高峰论坛成为"一带一路"框架下最高规格的国际合作平台。经过夯基垒台、立梁架柱，共建"一带一路"各种体制机制建设逐渐成形，国际沟通卓有成效。

二、设施互通互联水平不断提升

在各方共同努力下，"六廊六路多国多港"的互联互通架构已基本形成，一大批互利共赢项目成功落地。

六大经济走廊是"一带一路"的战略支柱和区域经济合作网络的重要框架，包括中蒙俄、新亚欧大陆桥、中国—中亚—西亚、中国—中南半岛、中巴和孟中印缅经济走廊。八年多来，六大经济走廊建设亮点纷呈，为建立和加强各国互联互通伙伴关系、畅通亚欧大市场发挥了重要作用。新亚欧大陆桥、中蒙俄、中国—中亚—西亚经济走廊经过亚欧大陆中东部地区，不仅将充满经济活力的东亚经济圈与发达的欧洲经济圈联系在一起，更畅通了连接波斯湾、地中海和波罗的海的合作通道。中国—中南半岛、中巴和孟中印缅经济走廊经过亚洲东南部这一全球人口最稠密地区，连接沿线主要城市和人口、产业集聚区。中巴经济走廊是共建"一带一路"的旗舰项目，建设起步早进展快，第一阶段的 22 个优先项目已基本完成。根据巴基斯坦计划委员会不完全统计，中巴经济走廊第一阶段早期收获项目已创造约 3.8 万个工作岗位，75%以上为当地就业，其中能源项目吸纳 1.6 万名巴方工人和工程师就业，交通基础设施建设创造约 1.3 万个工作岗位。自 2021 年起，中巴经济走廊顺利进入第二阶段的建设，双方合作的项目寻求多领域、多方向布局。

聚焦"六廊六路多国多港"主要架构，一批标志性项目取得实质性进展。铁路方面，中老铁路全线开通运营，雅万高铁、中泰铁路建设稳步推进。公路方面，中巴经济走廊"两大"公路顺利完工并移交通车，中俄黑河大桥建设竣工。航空方面，国际民航运输航线网络不断拓展，截至 2021 年末，我国与 100 个国家签订双边政府间航空运输协定，与其中 54 个国家保持定期客货运通航，与东盟、欧盟签订区域性航空运输协定。

作为我国与"一带一路"沿线国家互通互惠互联的有效载体,中欧班列连通中欧物流的作用进一步凸显。中欧班列连续 27 个月单月开行千列以上,通达欧洲 23 个国家 180 个城市。截至 2022 年 7 月,中欧班列共开行 1517 列、运送货物 14.9 万标箱,去程、回程及开行总量均创历史新高,为推动"一带一路"高质量发展做出了积极贡献。尤其是 2016 年统一品牌以来,通过陆续实施霍尔果斯、阿拉山口、二连浩特、满洲里等口岸站扩能改造工程,启动郑州、重庆、成都、西安、乌鲁木齐等 5 个城市枢纽节点的中欧班列集结中心示范工程建设,中欧班列的口岸和通道运输能力得到有效提升。2016~2021 年,中欧班列年开行数量由 1702 列增长到 15183 列;运输货物品类扩大到汽车配件及整车、化工、机电、粮食等 5 万余种;年运输货值由 80 亿美元提升至 749 亿美元,在中欧贸易总额中的占比从 1.5% 提高到 8%。

三、经贸投资合作不断拓展

贸易畅通是共建"一带一路"的着力点,是推动各国经济持续发展的重要力量。我国与"一带一路"沿线国家之间的贸易自由化和便利化水平稳步提升,贸易方式不断创新,贸易畅通迈上新台阶。

"一带一路"倡议提出以来,我国与"一带一路"沿线国家贸易往来日益密切,已成为 25 个沿线国家最大的贸易伙伴。辐射"一带一路"的自由贸易区网络加快建设,我国与 13 个沿线国家签署 7 个自贸协定,与欧盟、新加坡等 31 个经济体签署了"经认证的经营者(AEO)"互认协议。2013~2021 年,我国与"一带一路"沿线国家进出口总值由 6.5 万亿元增长至 11.6 万亿元,年均增长 7.5%,高于同期整体货物贸易年均增速;占同期我国外贸总值的比重由 25% 提升至 29.7%。

此外,"丝路电商"成为拓展经贸合作的新亮点和新引擎。截至 2020 年末,我国已与 16 个国家签署"数字丝绸之路"合作谅解备忘录,与 22 个国家建立"丝路电商"双边合作机制,共同开展政策沟通、规划对接、产业促进、地方合作、能力建设等多层次多领域的合作,着力培育贸易投资新增长点。

在合作机制的扎实推进下，双向投资及合作总体保持稳定增长。2013～2021年，我国对沿线国家直接投资累计1613亿美元，年均增长5.4%，"一带一路"沿线国家已成为我国企业对外投资的首选地；沿线国家在华投资设立企业3.2万家，实际累计投资712亿美元；我国在沿线国家承包工程新签合同额累计约1.1万亿美元，完成营业额7286亿美元，涵盖交通、电力等多个领域。

与"一带一路"沿线国家的境外合作工业园区项目稳步推进，成为经贸合作的重要载体。一大批园区凭借自身优势迅速发展，如中白工业园、泰中罗勇工业园、中国印尼综合产业园区青山园区、中柬西哈努克港经济特区、中国埃及泰达苏伊士经贸合作区、中国埃塞俄比亚东方工业园等，在承接中外企业合作、解决当地民众就业、带动东道国经济发展等方面发挥了积极作用。数据显示，截至2021年末，境外经贸合作区分布在46个国家，累计投资507亿美元，上缴东道国税费66亿美元，为当地创造39.2万个就业岗位。

四、资金融通体系建设不断完善

我国积极与沿线国家开展金融合作，推动建立多层次的金融服务体系，为"一带一路"建设提供多元化的金融支持和服务。目前，包括我国在内的29个国家财政部门共同核准了《"一带一路"融资指导原则》，其宗旨是发挥好政府和市场两种力量，推动沿线国家、国际组织、金融机构、投资者共同参与，建设长期、稳定、可持续、风险可控的多元化融资体系。我国与国际货币基金组织建立联合能力建设中心，为共建"一带一路"国家优化宏观经济金融框架提供智力支持；与世界银行、亚洲基础设施投资银行、亚洲开发银行等共同成立多边开发融资合作中心，推动国际金融机构及相关发展伙伴基础设施互联互通。

在各方共同努力下，亚洲基础设施投资银行（以下简称亚投行）、丝路基金等多边金融合作机构相继成立，为"一带一路"建设和双多边互联互通提供投融资支持。截至2021年10月，亚投行的成员数量由启动运营时的 57 个增至 104 个，成员数量仅次于世界银行，覆盖亚洲、欧洲、非洲、北美洲、南美洲、大洋洲六大洲。截至 2021 年末，亚投行已批准 158 个项目，累计投资总额达 319.7 亿美元。新冠疫情暴发以来，亚投行成立专项应急基金，用于支持成员国的紧急公共卫生资金需求，惠及越南、格鲁吉亚、巴基斯坦、土耳其、哈萨克斯坦等 19 个国家，应急基金由初始额度的 100 亿美元追加至 130 亿美元。截至 2020 年末，丝路基金签约以股权投资为主的各类项目 49 个，覆盖"一带一路"沿线多个国家，70%的签约资金运用于电力电站开发、基础设施建设、港口航运、高端制造业等大型国际合作项目。

五、人文交流往来不断深入

民心相通是共建"一带一路"的根基和关键。近年来，各国在文化、教育、旅游、科技创新和抗疫等方面合作开展形式多样的民心相通项目，"一带一路"民意基础不断巩固。

"一带一路"为国际人才培养与合作创造条件。倡议提出后，我国制定了《推进共建"一带一路"教育行动》，重点从国际、国内两个方面，强化务实合作，加大推进力度，促进民心相通，不断为"一带一路"建设厚植民意根基。截至 2019 年末，我国已与 24 个"一带一路"沿线国家签署高等教育学历学位互认协议，共计 60 所高校在 23 个沿线国家开展境外办学，16 所高校与沿线国家高校建立了 17 个教育部国际合作联合实验室。同时，以"一带一路"为主题的文化活动明显增多，品牌化趋势明显，不断推动中外文化交流继续向全方位、深层次发展。

依托共建"一带一路"平台，我国大力援助沿线国家治穷减贫，提供各种专业技能培训，涵盖减贫、农业等多个领域。根据世界银行预测，共建"一带一路"有望使相关国家 760 万人摆脱极端贫困、3200 万人摆脱中度贫困。疫情冲击下，我国与 31 个合作伙伴共同发起"一带一路"疫苗合作伙伴关系倡议，积极开展抗疫援助，引领抗疫国际合作。2020 年，我国向 150 个国家和 13 个国际组织提供防护服、口罩、呼吸机等大批防疫物资，向 34 个国家派遣 37 个医疗专家组。截至 2021 年末，我国已累计向 120 多个国家和国际组织提供超过 20 亿剂新冠疫苗，其中很大一部分面向"一带一路"沿线国家。经过携手抗击疫情，"一带一路"国际合作内涵不断丰富，共建"一带一路"国家间的情谊日益加深。

六、保障全球物流供应链安全稳定

近年来，百年大变局叠加世纪大疫情，还遭遇了乌克兰危机等突发事件，世界经济面临很多新的挑战，全球物流供应链格局发生了深刻变化。我们必须妥善应对风险与挑战，主动作为，力争育先机、开新局。

疫情从供需两侧冲击了各国经济，打乱了国际物流供应链节奏，部分发达国家卡车司机罢工、港口拥堵严重，海运集装箱价格最高时曾比疫情前上涨近 10 倍，海运价格大幅上涨导致贸易成本陡然提升，一箱难求问题曾让全世界为之困扰。

以乌克兰危机为代表的地缘冲突爆发以来，西方对俄罗斯国际物流供应链体系进行了"运力+枢纽+通道+金融"全方位制裁，对全球农产品、能源、高端制造业供应链都产生了较大影响。大宗商品海运通道重构，全球农产品、能源供应链发生重大变化，贸易商被迫选择航线距离更长的替代线路。西方与俄相互"禁飞"制裁导致太平洋航空通道更加拥挤，全球高端制造业供应链计划面临重新调整。中欧班列面临"卡脖子"风险，"一带一路"重要纽带安全受到严重威胁。

在全球物流供应链短期不稳不畅之际，我们也要仰望星空，把握国际经济格局长期趋势，才能在暗流激荡的复杂变局中，找到属于我们的战略机遇。

全球产业链价值链加速重构。过去在追求效率下陆续形成的全球供应链，未来会呈现出多元化、短链化等新趋势。各国和企业越来越重视对供应链关键环节尤其是物流环节的掌控。

新技术革命迅猛推进，第四次工业革命呼之欲出，数字化转型不断深化。数字化转型不仅深刻改变了人们的生活方式，也正在深刻地改变着人类的生产方式。国际物流供应链技术领域的国际竞争将日益激烈。

　　绿色转型推动全球能源结构、产业结构、贸易结构等发生深刻变化。绿色技术、绿色物流装备、绿色服务快速发展，围绕国际物流供应链的绿色规则也呼之欲出。

　　作为一个发展中大国，我国有能力准确识变、科学应变、主动求变。我国将进一步与全球进行"超级链接"，高质量共建"一带一路"贸易大通道，与国际社会互利合作，共同应对国际物流供应链变局。

目　录

第一篇

与世界相交，与时代相通

　　新中国成立以来，几代人逢山开路、遇水架桥，建成了交通大国，正在加快建设交通强国。当前世界百年变局加速演进，我国外部发展环境更趋复杂严峻，全球物流供应链体系处在新一轮深刻调整和创新发展期。我国是全球最大贸易国，建成了全球最大的高速铁路网、高速公路网、世界级港口群，航空航海通达全球。中欧班列、远洋货轮昼夜穿梭，全力保障全球产业链供应链稳定，体现了中国担当。我们要铭记习近平总书记关于国际物流供应链的重要论述精神，继续高举真正的多边主义旗帜，坚持与世界相交，与时代相通，在实现自身发展的同时，为全球发展做出更大贡献。

01 拓展"一带一路"国际合作新空间[⊖]

自从习近平总书记在 2013 年提出"一带一路"倡议以来，我国坚持共商共建共享原则，把"一带一路"基础设施"硬联通"作为重要方向，把规则标准"软联通"作为重要支撑，把共建"一带一路"沿线国家人民"心联通"作为重要基础，推动共建"一带一路"高质量发展，取得了实打实、沉甸甸的成就。

当前，世界正处于百年未有之大变局，国际政治经济格局深刻调整，大国博弈与地缘冲突加剧，国际分工和产业链格局发生变化。推动"一带一路"贸易大通道建设有利于提高开放水平，探索促进"一带一路"共同发展的新路子，实现"一带一路"产能合作和互利共赢。

推进"一带一路"贸易大通道建设，要深化贸易畅通，扩大同周边国家贸易规模，鼓励进口更多优质商品，提高贸易和投资自由化便利化水平，促进贸易均衡共赢发展。

推进"一带一路"贸易大通道建设，要深化互联互通，完善陆、海、天、网"四位一体"互联互通布局，深化传统基础设施项目合作，推进新型基础设施项目合作，提升规则标准等"软联通"水平，为促进全球互联互通做增量。

⊖ 写于 2021 年 11 月，部分数据于 2022 年 4 月更新。

推进"一带一路"贸易大通道建设，要更好服务构建新发展格局，加快完善各具特色、互为补充、稳定安全的通道网络布局，加强通道与产业链供应链衔接，为畅通国内国际双循环提供有力支撑。

推进"一带一路"贸易大通道建设，要坚定不移推进与全球各国一道，共建"一带一路"高质量发展，巩固互联互通合作基础，拓展国际合作新空间，扎牢风险防控网络，努力实现更高合作水平、更高投入效益、更高供给质量、更高发展韧性，推动共建"一带一路"高质量发展不断取得新成效，为实现中华民族伟大复兴的中国梦、推动构建人类命运共同体做出新的更大贡献。

一、我国经济发展为"一带一路"贸易大通道建设提供强大产业和市场基础

第一，全球制造业大国地位日益稳固，全球竞争力逐步提升。2021年，我国制造业生产总值在全球制造业中占比接近 30%，是名副其实的世界工厂。我国已建成了门类齐全、独立完整的制造业体系，拥有世界上最为丰富的制造产业链条，企业在全球供应链中的地位不断得到提升，是诸多制造业全球供应链的中心，并由此支撑我国成为有全球竞争力和世界影响力的经济大国。更为重要的是，近年来我国战略性新兴产业发展迅速，正在带动中国制造业走向产业链中高端。具体体现为，一是新一代信息技术和生物产业保持了快速增长，成为国民经济支柱产业。一大批新兴数字行业快速兴起，互联网、移动互联网、大数据、物联网、云计算、人工智能、机器人等行业发展尤其显著，5G 已进入大规模商用阶段。生物医药和生物育种技术成熟度高，许多品种已经规模化生产。二是在产业升级需求和技术创新的引领下，高端装备制造业平稳

较快增长，智能制造水平不断提升。三是新能源产业快速增长，在装机量不断攀升的同时，产业化技术水平逐渐提高。新能源汽车由示范阶段进入快速普及阶段。四是随着上游原材料需求的快速增长，新材料产业实现较快发展。伴随着节能环保政策的推进落实，绿色低碳产业实现快速增长。

第二，消费大国地位日益凸显，能源资源产品与终端消费品需求两旺。 我国是全球制造业大国，也是全球最大能源资源进口和消费国，大豆、铁矿石、原油、铜铝矿等初级产品进口依存度已超过 70%（见图 1-1），我国超大规模市场对世界具有强大吸引力，我国有近 14 亿人口，占全世界人口总数的比重接近 20%，是美国的 4 倍、欧洲的 3 倍、日本和俄罗斯的 10 倍，拥有 4 亿中等收入群体，消费市场规模巨大。2021 年，我国社会消费品零售总额达到 44 万亿元，与美国消费市场规模的差距显著缩小，已经成为全球第二大消费市场（见图 1-2）。

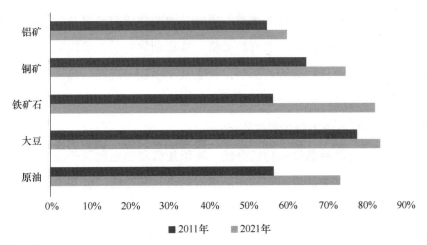

资料来源：Wind。

图 1-1　我国重点初级产品的进口依存度

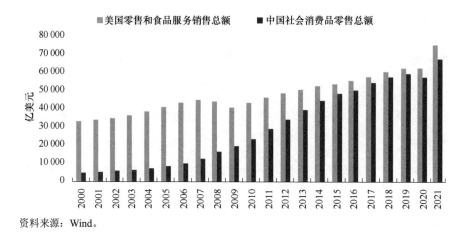

资料来源：Wind。

图 1-2　2000～2021 年中美消费市场规模比较

第三，贸易规模全球第一，进入高位稳定期。自加入世界贸易组织以来，我国货物出口规模不断攀升，2001～2008 年间出口年均增速高达 24.7%。2021 年我国货物贸易总额达 39.1 亿元，连续 5 年位居全球第一，占全球市场的比重达 15.8%。2020 年新冠疫情的暴发对全球贸易市场造成重创，全球各国的进出口额均出现显著下降，但相较而言，我国的对外贸易恢复快于其他大多数经济体，因此我国对外贸易总额在全球版图中所占份额达到前所未有的峰值。从长期趋势看，受国际需求持续低迷、全球产业转移等因素影响，过去几年中我国进出口总量规模扩张步伐已开始放缓，但占全球市场比重基本保持 13% 左右的稳定区间，在全球贸易市场竞争力保持高位稳定。

第四，贸易商品结构持续升级，高附加值和自主创新产品出口快速增长。新世纪以来，我国出口产品结构的最显著变化，就是机械及运输设备取代轻纺产品，成为最重要的出口产品类别。2000 与 2019 年，前者的出口占比从 33.1% 升至 47.9%，后者则从 34.6% 降至 23.4%（见图 1-3）。在出口方面，我国具有自主品牌、自主知识产权、自主营销渠道以及高质量、高技术、高附加值的产品比重明显上升，外贸发展自主动力显著增强。2019 年，我国自主品牌商品出口 2.9 万亿元，增长 12%，占出口总额的近 17%，比 2018 年提升 1.1 个百分点。我国机电产品出口 10.06 万亿元，增长 4.4%，占出口总额的 58.4%。太阳能电池、半导体器件、集成电路、金属加工机床、汽车等高质量、高技术、高附加值产品出口分别增长 47.5%、26.3%、25.3%、14.8%和 8.0%。在进口方面，重点民生消费品、消费升级产品和大宗商品增长较快。2019 年，我国消费品进口增长 14.2%，电动载人汽车进口增长 1.2 倍，人用疫苗进口增长近 90%。原油、天然气、铁矿砂、大豆等大宗商品进口数量分别增长 9.5%、6.9%、0.5%和 0.5%。此外，中间品贸易规模的扩大也是显著特征。

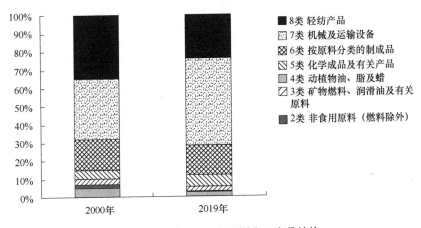

图 1-3　2000 与 2019 年我国出口产品结构

第五，经贸合作伙伴趋于多元化，与"一带一路"沿线国家贸易合作成为新动力。一方面，我国与传统贸易伙伴特别是发达经济体的贸易往来占对外贸易总额的比重整体呈下滑态势，而与发展中经济体的贸易往来更加密切、贸易规模不断扩大（见图 1-4）。2019 年，我国对新兴市场出口增长 11.8%，高于出口总体增速 6.8 个百分点，占出口总额的 49.2%，比 2018 年提升 3 个百分点。2020 年，我国对东盟进出口增长 6.6%，高于同期进出口总体增速 8.3 个百分点，东盟超过欧盟成为我国第一大贸易伙伴。另一方面，共建"一带一路"倡议提出以来，合作潜力不断释放，中国与沿线国家贸易规模持续扩大，2014～2019年贸易额累计超过44万亿元，年均增长6.1%，中国已经成为沿线25个国家最大的贸易伙伴。2019年，中国对"一带一路"沿线国家进出口9.27万亿元，增长10.8%，高于进出口总体增速7.4个百分点，占进出口总额的29.4%，比2018年提升2个百分点。未来随着共建"一带一路"持续推进，中国同沿线发展中经济体的进出口活动有望进一步增长。此外，与自贸协定伙伴之间的贸易增速快于平均增速，自贸协定覆盖率将进一步提高。截至2019年底，中国已与25个国家和地区签署了17个自贸协定。2020年前5个月，中国与自贸伙伴进出口额实现逆势增长，高于同期进出口总体增速约4.8个百分点。

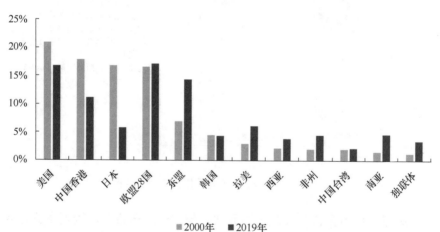

数据来源：Wind。

图1-4 2000年及2019年中国主要出口目的地占出口比重变化

第六，中西部地区加快开放，成为中国对外合作发展的重要力量。一方面，随着中国加快推进全方位对外开放，中西部地区承接加工贸易产业转移取得积极成效（见表1-1）。2019年中西部地区加工贸易出口占全国加工贸易出口总额已近28%。2020年上半年，中国中西部地区出口增长

1.6%，高于出口总体增速 4.6 个百分点。其中，江西、四川、贵州等省份积极承接产业转移、深度开拓海外市场，出口实现两位数增长。另一方面，贸易口岸由东向西拓展。早期我国商品的进出口主要发生在沿海各城市口岸，近几年沿边地区承担的进出口比重有所上升，中西部省份贸易商品在东部关区报关比例明显减少。此外，受益于中欧班列经营的持续扩张，未来中西部关区在全国对外贸易口岸中的地位有望进一步提升。

表 1-1　按货源地和按关区统计的国内分区域进出口额　　（单位：亿美元）

	2005 年			2019 年		
	东部	中西部	全国合计	东部	中西部	全国合计
按货源地统计	6985	634	7619	20835	4153	24988
按关区统计	7378	234	7612	21764	2990	24754
货源地为中西部但在东部关区报关出口的比例		63%			28%	

数据来源：海关统计。

第七，贸易方式加快转变，凸显我国参与全球产业链供应链的能力加快提升。长期以来，加工贸易是我国对外贸易的主导。但近年来，产业链更长、附加值更高、更能反映企业自主发展能力的一般贸易进出口贡献持续增强，有力提升了我国产业链价值和贸易竞争力。2019 年，中国一般贸易进出口 18.61 万亿元，增长 5.6%，占进出口总额的 59.0%，比 2018 年提升 1.2 个百分点。加工贸易进出口 7.95 万亿元，下降 5.1%，占进出口总额的 25.2%。中国本土企业的公司内贸易加快增长，料件、投资设备出口和成品进口持续扩大，境外带料加工贸易成为与跨国公司在华企业进料、来料加工贸易并列的主要贸易方式之一。

第八，创新发展新动能加快形成，对外合作的综合优势不断提升。中国持续推动外贸制度创新、管理创新和服务创新，积极培育贸易新业态新模式，促进外贸转型升级，加快新旧动能有序转换。跨境电子商务、市场采购贸易、外贸综合服务平台等新业态新模式成为外贸增长新动能。2019 年，中国跨境电商进出口 1862.1 亿元，增长 38.3%；

市场采购贸易进出口 5629.5 亿元，增长 19.7%；二者合计对外贸整体增长贡献率近 14%。2020 年上半年，中国跨境电商零售出口增长 28.7%，市场采购贸易出口增长 33.4%。以技术、标准、品牌、质量、服务为主的中国外贸综合竞争优势加快孕育，外贸对产业升级的引领促进作用显著增强。

二、加快拓展"一带一路"国际合作面临的机遇

经济全球化已进入新发展阶段，产业链、供应链的竞争与合作成为影响全球经济发展的关键因素。虽然不确定、不安全、不稳定因素明显上升，但我国加快拓展"一带一路"国际合作仍然面临诸多前所未有的机遇。

（一）全球经济增长和贸易重心正在从发达国家转向发展中国家，全球供应链正加快重构

从全球视角看，全球经济和贸易格局出现新变化，全球经济发展从传统发达国家为中心逐步向"多极"演变，从欧美转移至以金砖国家为代表的发展中国家，发展中国家占全球 GDP 比重从 1960 年的 25%提升至 2018 年的近 40%[⊖]。与此同时，贸易重心也加快转向发展中国家，按照联合国贸易发展大会（UNCTAD）的统计，全球将近 60%的货物在发展中国家的港口发运和装卸。未来随着全球经济增长的重心从欧美转移至发展中国家，发展中国家在全球经济和贸易中的地位将不断上升，将为中国对外经贸合作开辟更为广阔的发展空间，要求我国加快建立适应经贸格局变化的贸易通道和物流供应链体系，进一步巩固和提升我国在全球经济和贸易中的优势地位，在百年变局中赢得主动。

⊖ 资料来源：世界银行、国际货币基金组织（IMF）2019 年数据。

（二）全球基础设施互联互通加快推进，全球通道和枢纽布局迎来窗口期

近年来，在"一带一路"倡议的带动下，全球的基础设施建设进入了新一轮高潮。欧盟提出了欧亚大陆互联互通倡议，哈萨克斯坦提出了"光明大道"计划，印度尼西亚提出了"海洋强国战略"，美国也提出了基础设施建设议案。从国际组织到发达国家再到越来越多的发展中国家，都在高效推动基础设施的互联互通，来改变地理条件对经贸活动的约束。未来5～10年全球在基础设施建设方面将有巨大的投入，将极大地提升全球互联互通水平。在这个过程中，将会形成新运输通道、新枢纽，推动新一轮全球运输网络和枢纽体系的布局调整，不仅为我国参与基础设施互联互通建设、运营提供机遇，也为我国建设联通周边区域、对接全球的物流供应链体系提供了重要机遇。

（三）新一轮技术革命方兴未艾，推动新的生产方式、新的贸易方式发展和供应链模式不断创新

以信息技术深度和全面应用为特征的新一轮技术革命迅猛发展，带动应用领域的创新突破以及新业态的不断出现，数字化、网络化、智能化加速推进，呈现出生产方式智能化、产业组织平台化、技术创新开放化等一系列新趋势，并推动跨境贸易等新的贸易方式和平台经济快速发展，将进一步扩大贸易范围、促进贸易结构调整和降低贸易成本，数字贸易、服务贸易、产业内贸易占比将显著提高。以跨境电商为代表的新型贸易方式，不仅改变了原有物流供应链体系的运行、管理和服务的流程和标准，而且带来了新的商业模式、运营体系和新型基础设施，正在推动全球物流供应链体系加快变革和调整。

（四）全球产业链分工布局发生调整，产业转移在全球范围内加快推进

随着全球基础设施互联互通水平提高和新技术革命的加快演进，全球产业链分工布局出现加快调整趋势。一方面，东南亚、南亚和非洲等地区成为新的劳动力成本洼地，承接外部产业转移呈现加速态势，助推发展中国家乃至欠发达国家的工业化进程。另一方面，数字经济兴起及大量新技术广泛应用，一些劳动密集型产业将转变为资本、技术密集型产业，包括中国在内的发展中国家加快向产业中高端迁移步伐。再加上地缘政治风险上升和新冠疫情冲击，全球产业链断链风险倒逼转向区域化、近岸化，将会进一步推动产业链在全球的布局调整，以及随之而来的物流供应链体系的大调整。

（五）新一轮高水平扩大开放，为国际物流供应链体系建设提供制度保障

我国充分发挥自由贸易试验区的示范引领作用，高水平建设海南中国特色自由贸易港，积极商签自由贸易协定，面向全球构建高标准自由贸易区网络，为推动与相关区域贸易自由化创造有利条件，为拓展国际经贸合作、优化国际市场布局、促进贸易高质量发展带来机遇。例如，RCEP 大型自贸协定正式签署，深化了我国与其他成员的经贸合作关系。同时，"一带一路"建设正在转向高质量发展新阶段，多边和双边合作的制度保障不断提高。截至 2019 年，在沿线 65 个国家中，已有 40 多个沿线国家与我国签署产能合作文件。我国还与 15 个沿线国家签署了 18 个双多边国际运输便利化协定，与 22 个国家和地区签署电子商务合作备忘

录、建立电子商务合作机制等。高水平扩大开放为推进"一带一路"贸易大通道建设提供了改善营商环境、提升通关效率、帮助物流企业"走出去"和"引进来"等方面的国际通行规则参照。

三、国际经贸格局变化对推进"一带一路"贸易大通道建设提出的新要求

（一）"一带一路"贸易大通道要"货畅其流"

全球市场和贸易格局深度调整，要求我国加快建立服务"一带一路"产能合作的国际贸易新通道。伴随着全球经济的增长，新兴市场和发展中国家的日益崛起，国际市场和贸易日益呈现"东升西降""南升北降"的格局。2018 年，新兴市场和发展中国家对世界经济增长的贡献率达 80%，占全球经济的比重接近 40%，其中"金砖五国"达到 23%⊖。目前，我国已经成为世界第二大经济体和第一大进出口国，2018 年货物贸易进出口总值为 30.51 万亿元，占全球贸易额比重达到 10%左右⊜。我国与各大洲之间的贸易结构和贸易格局正在发生变化（见图 1-5 和图 1-6）。我国与"一带一路"沿线国家和地区贸易合作不断深化（见图 1-7），2014～2019 年贸易额累计超过 44 万亿元⊜，年均增长达到 6.1%，我国已经成为沿线 25 个国家最大的贸易伙伴。

随着市场和贸易格局的变化，我国国际贸易通道格局也正从海运为干线通道转变为陆路与海运并举的多式联运通道，传统的贸易运输通道也已转变为依托产业格局发展的贸易通道。服务"一带一路"产能合作，要求我国加快建立陆海内外联动的国际新通道，既要打通跨境通

⊖ 数据来源：世界银行。
⊜ 数据来源：海关总署。
⊜ 数据来源：海关总署。

道，又要保障中西部内陆地区双向开放，实现从东部通道为主转向东、西、南、北向通道比重共进。

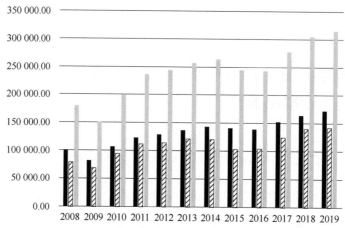

资料来源：国家统计局，Wind。

图 1-5　中国货物贸易进出口情况（2008～2019 年）

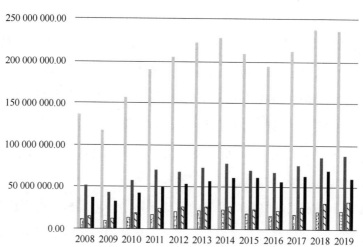

资料来源：国家统计局，Wind。

图 1-6　中国对主要国际区域进出口情况（2008～2019 年）

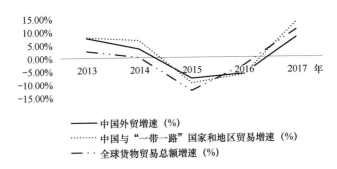

数据来源：海关总署、联合国贸易和发展会议数据库。

图 1-7　中国外贸增速、中国与"一带一路"国家和地区贸易增速
以及全球货物贸易总额增速

（二）国际枢纽要"全球集聚效应更强"

枢纽是融入全球市场的"路由器"。从开放的角度来讲，枢纽是联通国内市场与"一带一路"市场乃至全球主要门户。"一带一路"产能合作离不开商品资源和高端要素的集聚，国际枢纽可支撑所在地区创新创业和形成新的产业集聚，带动相关制造业、服务业发展，带来就业和创造新的价值，从而实现从传统产业向现代产业的转型升级，形成枢纽经济。国际枢纽不仅要求有多种要素集聚，还需要融合多种运输方式，形成国际国内的双向辐射的立体化枢纽。如美国孟菲斯地区，依托传统的河海联运和铁路，率先形成了以棉花等大宗农产品为主导的产业；随着 FedEx 航空枢纽的建立，大量高技术、高附加值、高时效的产业不断进入，使孟菲斯成为全美乃至全球重要的高新技术产业集聚区。

（三）运力要具备"国际竞争能力"

"一带一路"产能合作涉及的货物贸易主要通过海运等方式进行国际运输。但是目前我国对全球航空机队、远洋船队等重要物流运输工具和

运力资源的实际控制力较弱，对高新技术产业、高附加价值产品及大宗商品的运力资源保障能力亟待增强。与发达国家相比，我国 80%[⊖] 的国际航空货运量由国外航空货运公司或国际快递企业完成，航空货运对外依赖程度较高，国际运力资源保障明显不足。从远洋航运来看，我国对石油、铁矿石、有色金属、木材、大豆等大宗商品的进口量巨大，这要求与之匹配的国际运力保障。

（四）服务网络要提供"链接全球的国际供应链服务"

当前全球产业链正处于重构时期，对全球产业格局和分工格局产生重要影响。一方面，发达经济体在产业链高端领域的地位不断巩固和增强，一些国家还在积极吸引高端制造业回流国内。另一方面，东南亚、东亚、中东欧等部分发展中国家，逐步形成了中低端制造业集群发展条件和能力。在此背景下，全球产业链和分工格局发生深刻调整既给我国制造业转型升级提供了契机，同时也给我国制造业创新发展形成挑战和压力。

我国与"一带一路"沿线国家和地区的贸易联系紧密，是绝大部分"一带一路"沿线国家和地区排名前五的商品贸易伙伴（见表 1-2）。我国最终产品出口能力相对较强，与"一带一路"沿线国家的货物贸易具有较强的互补性，价值链具有进一步向高端升级的巨大潜力。这也对我国供应链物流整合资源的能力提出更高要求，需要有快速切入并服务产业发展的全球服务网络。

表 1-2　与中国商品贸易额占比在该国排名前五的国家数量

排名	中间产品进口	中间产品出口	最终产品进口	最终产品出口
1	9	2	9	17
2	19	19	11	29

⊖ 数据来源：民航局。

（续）

排名	中间产品进口	中间产品出口	最终产品进口	最终产品出口
3	13	17	13	26
4	19	17	15	26
5	14	18	12	25
合计	74	73	60	123

数据来源：国家开发银行、联合国开发计划署、北京大学. The Economic Development along the Belt and Road（2017），纳入统计的国家绝大部分是"一带一路"沿线国家和地区。

（五）信息化与标准化要"与国际全面接轨"

发达国家物流信息化起步早、应用广、创新能力较强。在 20 世纪 80 年代，FedEx、UPS、马士基等国际物流企业就开发出自动货物跟踪系统、数据交换系统。随着信息技术的不断创新与应用，先进物流企业信息系统在全球供应链和国际物流体系各环节中得到广泛应用。从最新情况看，2018 年马士基集团和 IBM 组建合资公司，通过区块链技术联合开发全球贸易数字化平台，试图搭建起一个国际海运信息通道，能够实现供应链可视性，实时掌握所有接入和参与者的物流信息。在"一带一路"产能合作的过程中，为了提高物流效率，打破信息孤岛，实现贸易、物流信息的互联互通。在"一带一路"沿线国家，由于交通物流基础设施及技术存在不同标准的情况，换轨、换车、换箱严重降低了物流时效，影响了连通性，迫切需要在产业合作的背景下，尽快形成"一带一路"沿线国家广泛认可、与国际全面接轨的标准体系。

四、面临的挑战和困难

在逆全球化、贸易保护主义抬头、世界市场萎缩的新形势下，要深刻认识推进"一带一路"贸易大通道建设要解决的风险点，科学进行战略布局调整，长期树立产业链供应链安全观。

（一）"一带一路"沿线国家和地区基础设施、产业发展总体比较滞后

一是"一带一路"沿线国家和地区基础设施、产业发展总体比较滞后，生产成本高，贸易成本、物流成本限制了贸易合作规模进一步扩大。此外，还缺乏必要的产业配套，专业服务较弱。近年来我国"中欧班列"开行数量呈现快速增长，已经成为联通中国和欧洲大陆之间最重要的跨境物流供应链体系。10年来中欧班列开行已达5万列，形成了经由阿拉山口（霍尔果斯）、二连浩特及满洲里出境的西中东三条大通道，通达欧洲及中亚地区23个国家的180个城市。但由于不少沿线国家和地区经济发展水平低、基础设施陈旧，再加上由于交通物流基础设施及技术存在不同标准，沿途需要多次换轨、换车、换箱，严重降低了物流时效，限制了通道能力，拥堵问题比较严重。

二是"一带一路"沿线国家和地区投资风险较高。据中国出口信用保险公司评级显示，"一带一路"沿线国家和地区评级为5~9级的占84%，属高风险区域。一些沿线国家自身政治、宗教、民族关系比较复杂，又受域外势力影响干预，长期处于动荡状态，政治环境不稳定，违约行为时有发生。

三是"一带一路"不少沿线国家和地区经济结构单一、产业配套性差、国内资本积累不足、债务压力较大。部分沿线国家经济增速出现显著下降。

（二）全球政治格局与经贸规则重塑，使构建"一带一路"贸易大通道的外部发展环境异常复杂

经济全球化深入发展进程仍将继续，但全球对资源、资金、人才、数据等生产要素和全球经贸规则制定权的竞争将更加激烈。

一是大国博弈和地缘政治的多重角力带来巨大不确定风险。部分国

家针对中国杜撰的"中国威胁论""环境破坏论"等负面言论喧嚣尘上，我国与发达国家的竞合关系发生变化带来国际发展空间受限。美国视中国为对其核心价值观和全球经济主导地位最具挑战性的国家，明确将中国定义为"战略竞争对手"。对华产业依赖危及公共安全的担忧显著增强。国际环境更趋严峻复杂，我国贸易投资的外部环境恶化，企业跨国运营阻力增加，"一带一路"贸易大通道建设面临巨大的不确定风险。

二是全球经贸规则和治理体系重塑带来深层制约。美国及其盟友的WTO改革方案针对我国进行约束的色彩明显，美国在2019年3月发布的《2019贸易政策议程及2018年度报告》中，对WTO改革提出必须解决非市场经济挑战的威胁式建议，重点指向我国产业补贴和国有企业等。与此同时，区域经济一体化出现加速，大型自贸协定数量增多、水平上升，确立了较高的贸易投资自由化、便利化标准，若我国不主动对接，将面临被"边缘化"的危险。更为重要的是，各国意欲通过国际经贸规则和质量体系重构维护自身利益的趋势将进一步增强。发达国家在全球经贸规则制定中仍具有较强的主导权，加快推进WTO改革、高标准的贸易投资自由化新趋势、将市场开放的重点转向服务业市场准入与投资自由化、着力"监管一致性"的边境后议题，将给我国"一带一路"合作涉及的行业市场开放与体制改革带来前所未有的压力。贸易通道建设亟待加快推进制度型开放，警惕被国际通行规则掣肘"吃哑巴亏"。

五、推进"一带一路"贸易大通道建设的重点领域

作为全球贸易大国、物流大国，推进"一带一路"贸易大通道建设，不仅有利于我国更好参与全球产业链供应链分工合作，形成国际竞争新优势，也有利于畅通国内国际双循环，成为构建新发展格局的有力支撑。

（一）以"一带一路"为核心进一步完善国际物流通道布局

为进一步保障和服务双循环，我国国际物流通道布局优化宜依托"一带一路"倡议实施，加快构建立体通道网络体系。

一是进一步完善"一带一路"基础设施互联互通建设规划。在强化国家综合运输通道建设的基础上，重点完善国内通道与国际市场联通度高、对我国产业发展有重要支撑作用的国际物流通道和枢纽建设。加大对"一带一路"沿线沿路国家重要物流枢纽和关键节点设施建设的投入力度和运营合作力度，打造畅通便捷的物流设施网络和新型国际物流通道体系。对于高端制造业和电子消费品，优先解决供应链中断隐患，加快我国与主要高端制造业和电子消费品市场的航空货运通道布局。对于大宗物资进出口贸易，完善我国到矿产资源丰富地区的洲际海运通道。对于制造业产能合作，推进中欧班列及陆海新通道等跨境铁路建设和公路通道建设。

二是加强中欧班列等跨境铁路主要站点及口岸设施建设投入和运营合作。借助丝路基金和亚洲基础设施投资银行等国际金融组织的金融支持，加快中欧班列沿线国家铁路、口岸等基础设施改造升级，鼓励铁路企业、国内基础设施运营企业及物流企业采取合资、入股、收购等多种方式参与班列境外铁路枢纽和场站的口岸设施、物流作业设施的建设与运营，推动中欧、中亚之间铁路运输能力和设施运营能力提升，为中欧班列境外稳定运行提供支持。

三是支持航空公司和快递企业加快境外合作。参照国际经验，鼓励和支持大型航空公司和快递企业与全球主要航空枢纽机场合作，参与专业货运机场及物流设施建设。鼓励中资海外航空货运资源共享，服务网络共建互补。

　　四是加大全球新兴港口投资建设支持力度和提升运营能力。根据全球产业链布局调整态势，进一步加大我国在发展中国家和新兴产业链承接地区的港口建设投入力度。在支持港口建设的同时，重点加强港口运营合作。

　　五是加强境内外枢纽之间的合作和联系，构建更为通畅的立体化国际物流通道。借鉴郑州和卢森堡的"双枢纽"模式，在中欧班列主要境内外开行枢纽站点之间、在国内外主要空港或货运机场之间、在国内主要港口与新兴港口之间，加大铁路班列、货运航班和国际航线班轮的开行力度，逐步转变点对点的分散开行模式，构建联通国内外市场的"海陆空"立体化运输通道体系，为中欧班列、空中丝绸之路及陆海新通道等新型物流大通道建设提供有力支撑。

（二）打造服务产业合作的枢纽经济

　　大力推动跨国跨区域经贸交流，依托通道加强与"一带一路"沿线国家开展项目合作，推进枢纽经济建设，提升生产性服务业发展质量，为现代制造业提供全方位供应链服务。依托沿线传统和新兴的重点产业基础，集聚要素资源，推进产业协作配套和资源优势互补，推动产业与贸易、物流、信息、金融等领域融合发展。与特色产业结合，大力推进冷链物流发展。打造高品质陆港经济区，提升临港（空、海港）经济区发展水平，发挥对经济的带动作用。

　　同时，加强国内枢纽建设，促进其面向各经济走廊开放发展。加强重点港口或港口群与"一带一路"沿线港口在相互通航、港口建设、港航信息、国际贸易等方面开展深度交流与合作。充分发挥广西北部湾港口群和粤港澳大湾区港口群、海南洋浦港的比较优势，加强与新加坡港等重要国际枢纽合作。提高内陆港的建设水平，积极在通道枢纽城市布局内陆无水港，在西部进行黄金水道港口和内陆无水港多方式、多层次的港口网络布局，形成海向一体化和陆向一体化的双向发展。

（三）加强运输能力建设

逐步放开飞机采购审批和增强融资支持，鼓励大型航空公司和快递企业通过采购、收购兼并、租赁等途径，加快培育专业化、国际化货运机队，快速提升我国国际航空物流的运力资源水平。

以大型沿海港口自贸区或自贸港为登记注册的船籍港，加快我国国际船舶登记制度创新，放开对国际航行船舶登记主体、类型、船龄及检验等方面的限制，对回归登记的中资国际船舶按"境外船舶"实施监管，并给予免征进出口相关税收、简化和降低船舶吨税、简化登记收费项目和降低收费水平等政策支持。加快创新船舶金融政策，支持航运企业加快国际船舶更新和定制。

（四）加快服务网络建设，支持企业"走出去"

一是支持和引导物流企业与制造业企业一同"走出去"。结合我国制造业产业链转移，鼓励制造业企业与其配套服务的物流企业共同拓展国际市场和实现"走出去"，避免制造业或物流企业的"孤立运营"。在"一带一路"重点产能合作的国家或地区，注意围绕枢纽布局物流园区和培育产业集群，为我国制造业产业转移和提升产能合作水平，提供良好服务基础。

二是培育国际化物流服务品牌。在继续加快大型物流国企混改的基础上，注重利用和引导国内外多元资本支持民营物流企业拓展国际市场，打造国际化的物流服务品牌，淡化中资或国资品牌宣传，为我国国际物流体系发展构筑专业化、国际化的品牌形象。

（五）加强国际信息化、标准化建设

加快推进以互联网、物联网、云计算、大数据、移动智能终端、区块链为代表的新一代信息技术在我国贸易、物流领域的商业化和市场化应用，使贸易、物流领域蕴含的海量信息、数据，转变成重要的资源和要素，为"一带一路"贸易大通道建设和我国产业链升级注入新动能。以国际化信息化平台为支撑，加快创新探索国际贸易、物流新模式、新业态和新技术的应用，加快探索和创新贸易、物流领域区块链应用。

（六）加强国际沟通与合作，积极参与全球治理

积极参与国际贸易规则制订，积极推动加入高标准经贸协议，扩大与"一带一路"国家的贸易合作。加快构建数字贸易相关法律法规，健全知识产权立法，以制度型开放提高吸引利用外贸能力，持续优化营商环境。

加强与联合国及国际贸易、运输行业组织、各国政府的沟通与交流，增进相互了解，加强政策协调，推动标准，共同营造良好的国际环境。联合"一带一路"沿线国家和地区组建国际物流供应链联盟，并打造为引领全球化提升竞争力的重要载体。更好发挥区域自由贸易协定作用，降低区域物流供应链成本，深度参与自由贸易供应链协作体系，进一步提高我国在全球经济和交通治理中的话语权。

02 构建新发展格局需要内外联通、安全高效的物流网络[⊖]

物流业是现代流通体系的重要组成部分，是衔接生产与消费、联通国内国际市场、实现双循环相互促进的重要载体。加快形成内外联通、安全高效的物流网络，有利于畅通国民经济循环、加快建设现代流通体系、增强我国产业链供应链韧性和安全性，对加快构建国内国际双循环相互促进的新发展格局和塑造国际竞争新优势，都具有十分重要的战略意义和现实意义。为此，必须紧扣新发展格局的目标要求，着力解决发展中面临的短板制约，从"建体系、提服务、畅衔接、抓创新、优环境、防风险"六大方面发力，着力推进现代物流体系建设，加快形成内外联通、安全高效的物流网络。

一、加快形成内外联通、安全高效的物流网络是构建新发展格局的必然要求

进入新发展阶段，面对我国经济社会发展的国际国内环境出现的新变化新要求，以习近平同志为核心的党中央做出了加快构建以国内循环为主、国内国际双循环相互促进新发展格局的重大战略部署，为加快形成内外联通、安全高效的物流网络带来全新机遇，并提出了更高的发展要求。

⊖ 写于 2022 年 1 月。

一是构建新发展格局，要求内外联通、安全高效的物流网络发挥畅通国内国际双循环的关键作用。物流体系是连接生产消费、对接国内外市场、畅通国内国际双循环、建设强大国内市场和形成国际竞争新优势的关键环节。加快形成内外联通、安全高效的物流网络，有助于我国立足已有超大规模市场优势，加快形成供求相互促进、创新驱动强劲、供应链紧密衔接、国内国际市场高效联通的强大市场功能，更为有效地将规模巨大、多元的消费和投资需求转化为产业发展的巨大动力和对国际市场的吸引力。

二是推动高质量发展，要求内外联通、安全高效的物流网络为国民经济提质增效提供强大支撑。习近平总书记在中央财经委员会第八次会议重要讲话中强调，流通效率与生产效率同等重要，进一步凸显出流通体系在推动国民经济高质量发展中的重要性。为此，加快形成内外联通、安全高效的物流网络，要深入推动供给侧结构，充分激发和调动物流领域的发展活力，提升创新能力和国际竞争力，提高国内国际物流运行效率。通过加快形成内外联通、安全高效的物流网络，实现国内国际物流体系的一体化高质量发展，有利于实现经济体系畅通和运行效率提升，更好地发挥促进生产和消费双升级的支撑带动作用，更好地为高质量发展提供提质增效的强大支撑。

三是把握新一轮技术革命机遇，要求现代物流网络体系加快创新和更好发挥引领带动作用。当前新一轮科技革命和产业变革深入发展，给现代生产生活方式带来革命性、颠覆式的影响，特别是人工智能、脑科学、云计算、量子计算、大数据、物联网、5G 等新一代信息技术正在向消费、物流等各环节各领域加快渗透，正在打破传统物流领域、国内外物流体系的界限和阻隔，推动物流领域新服务、新平台及新型供应链网络体系加快发展，为内外联通、安全高效的物流网络实现创新发展、带动引领上下游协同创新，创造了前所未有的发展机遇。因此，加快形成内外联通、安全高效的物流网络，是抢抓新技术革命机遇、拥抱数字经济时代、实现领跑全球物流创新和商业模式创新、更好地实现国内国际双循环高效联通和相互促进最为迫切的时代要求。

四是优化资源要素配置，为稳定全球产业链供应链做出中国贡献。当前世界经济发展格局正在加速调整，全球基础设施与供应链体系也进入新一轮快速发展阶段。加快形成内外联通、安全高效的物流网络，不仅有助于促进我国物流体系与全球供应链体系有机衔接，确保我国国际产业链供应链稳定，还有助于促进我国更多参与全球物流网络体系的建设，更加合理地配置我国的国际物流资源，以积极应对全球产业链供应链的布局调整。并且在出现全球重大公共卫生、自然灾害事件时，为全球产业链供应链稳定安全提供保障和支持。

二、当前我国物流网络建设亟待破解短板瓶颈制约

改革开放以来，特别是党的十八大以来，我国现代物流体系建设取得巨大进展，已经成为具有超大规模优势的物流大国，但尚未成为物流强国。特别是外部环境更趋复杂多变以及我国产业链供应链安全面临严峻挑战的背景下，我国物流网络体系存在的内外联通性不高、运行效率偏低、自主可控能力不强等问题更为凸显。

一是物流设施体系发展存在结构性失衡，物流连通性依然不高。我国一侧临海、陆域纵深，煤炭、矿石等重要资源主要集中在内陆腹地，生产和消费呈现逆向分布，西煤东运、北粮南运、南菜北运以及大量进口物资从沿海地区向内陆地区大规模、长距离转运，导致运输结构性矛盾突出，铁路、水运运送大宗物资的优势未能充分发挥。部分物流枢纽存在同质化竞争、低水平重复建设问题，内部缺乏有效分工，存量设施能力尚未充分利用，"吃不饱"和"吃不着"现象并存。"最先一公里"

和"最后一公里"冷链物流设施存在短板，"中间一公里"多式联运设施衔接有待加强。国际物流关键物流枢纽和节点控制力不强，通道体系仍需完善。

二是物流市场主体竞争力不强，全球服务网络亟待拓展。在抢占全球市场的过程中，各国都高度重视培育专业的国际化物流企业。美国不仅有联邦快递（FedEx）和联合包裹（UPS）等提供快递、航空运输、供应链管理等综合服务的"全球物流经营人"，也有基地航空（Polar Air）等专门从事航空货运的企业。目前我国能够进入国际市场的物流设施运营服务企业不多，有国际服务网络的大型第三方物流企业较少，航空运力不足，中远程货机数量仅相当于美国的10%，对接全球市场能力不强。我国物流企业进入国际市场则多采取轻资产方式，与海外中小代理服务商合作，难以形成稳定高效的服务网络。

三是现代物流网络建设的支撑体系有待加快提升。发达国家普遍重视现代物流网络发展的功能支撑和制度保障。例如，英国伦敦国际航运中心，依靠发展强大的交易、金融、法律等航运服务功能，吸引全球航运物流要素集聚，成为全球航运物流的核心枢纽和关键节点。相比较而言，我国航运金融、信息咨询、法律服务等国际物流高端服务功能仍不完善，缺乏有国际影响力的国际物流组织和交易机构，在国际物流规则和标准制定、国际物流信息服务等方面需要加强。此外，我国物流业发展涉及部门较多，部分监管事项存在多头管理、重复审批等问题，跨部门、跨区域物流公共信息共享机制仍有待建立，在一定程度增加制约了内外联通、安全高效物流网络的加快形成。

三、我国物流网络未来建设的"六大"发力点

第一，建体系，构建"通道+枢纽+网络"内外联通的物流网络体

系。整合优化存量物流基础设施资源，系统性降低全程运输、仓储等物流成本。针对民生短板，布局建设一批国家骨干冷链物流基地，降低冷链物流成本。加快综合交通运输体系建设，加强高铁货运和国际航空货运能力建设，提高物流要素连接时速，为产业结构升级和区域协调发展提供支撑。加快我国国际物流运力和服务网络调整，从以欧美等发达国家为主转向东亚、非洲、南美等新兴经济体，促进多样化、高时效、多方式的国际物流供应链体系建设，保障产业链供应链安全。

第二，提服务，培育一批具有全球竞争力的现代物流企业。充分发挥市场机制作用，强化物流供应链各方协同联动。完善全球陆海空物流服务网络，优化专业化陆海空物流运输系统。加强企业间战略联盟，以及与上下游产业链的协调合作，向着更高质量和效率、更低成本和风险、更加开放和共享的方向，走可持续发展之路。推动传统物流服务业转型升级，大力发展航运金融保险、航运经纪、海事仲裁、航运交易、信息咨询等现代航运服务业，建设与我国贸易规模、港口规模、船队规模相适应的世界级航运交易所。结合我国制造业产业链转移，支持和引导物流企业与制造业企业一同"走出去"。

第三，畅衔接，推进多式联运，促进运输结构调整和效率提升。推进大宗货物运输"公转铁、公转水"，深化运输结构调整，充分发挥铁路和水运比较优势，强化多式联运部门间协同联动机制。畅通多式联运枢纽节点"微循环"，加强集疏运铁路和公路建设，强化重要枢纽节点与干线铁路、高等级公路和城市主干道等间的连接，提高干支衔接能力和转运分拨效率，打通多式联运枢纽节点"中梗阻"。加强铁路货运信息开放，培育多式联运经营人，推动多式联运"一单制"改革，实现"一次托运、一次收费、一单到底"。

第四，促创新，推进物流数字化、智能化改造和绿色发展。支持我国大型国际物流企业在自贸区或自贸港区建立离岸数据中心和探索区块链应用，为开展国际物流服务和相关信息服务提供有力的支撑。加快发展智能船舶、智慧港口、数字航道。加快多式联运公共信息平台建设，实现各种运输方式信息交换共享。大力推动绿色智慧物流发展与现代供应链变革，实现物流网络标准化、数字化、柔性化，打造更加协同化、精益化、敏捷化、绿色化、智慧化的新型国际物流供应链，使我国成为国际物流供应链创新与应用的重要中心。

第五，优环境，进一步降低物流制度性成本，加快形成市场化、国际化、法治化的发展环境。加快构建国内统一的物流市场和促进制度型开放，这是形成内外联通、安全高效的物流网络的核心，以国内物流的一体化发展推动内外网络的联通和有机衔接。为此，要加快完善全国统一的物流管理制度规则，废止、修订妨碍统一市场、公平竞争的法律、法规、规章和规范性文件，打破地方封锁小闭环，促进物流要素资源在更大范围内畅通流动。要强化跨部门、跨区域协作，完善工作机制，实现"信息互换，监管互认，执法互助"。加强部门间资源共享共用和集中统筹，充分发挥监管资源的集聚效应，推进综合执法，形成管理合力，提高管理效能，实现单向管理向多元治理的转变。建立健全信息共享共用机制，建立信息全面交换和数据使用管理办法，依托国家和地方的物流公共信息平台，推动相关部门系统的横向互联。要加强与国外标准接轨对标，积极参与国际组织的规则讨论活动及国际标准制定活动。

第六，防风险，强化国际应急供应链综合保障。建立物流供应链应急协调机制，完善全球范围内多样化的采购和储备机制，加强物流供应链弹性建设，提升风险防控能力；积极参与和推动国际产业链供应链跨国保障合作机制。加快应急物资产品标准在全球范围内的互认，加强与贸易伙伴的国际合作和海关协作磋商，打通跨境物流通道壁垒，确保跨境供应链通畅。

03 全球视野下交通运输发展战略⊖

新中国成立以来，我国交通运输获得长足发展，对国民经济和社会发展发挥了重要的促进和保障作用。随着社会主要矛盾转化为人民日益增长的美好生活需要和不平衡不充分的发展之间的矛盾，对交通运输创新发展提出新的要求。当前，迫切需要顺应技术变革的新趋势、经济社会发展的新要求，在新发展理念的指引下，适时调整交通运输发展战略，努力把我国建成交通强国，为我国高质量发展和决胜全面建成小康社会，提供更加有力的发展支撑。

一、"世界前列"是交通强国建设的必然需求

我国经济已经从高速增长阶段转向高质量发展阶段，全球经贸及产业格局面临深刻变化，面对错综复杂的国内外形势，迫切要求交通运输以"人民满意"为根本宗旨，明确新定位，形成新功能，在促进产业转型升级、支撑服务国家新战略和深度参与全球治理等方面，发挥更加突出的作用。

一是适应国际经济格局深度调整。伴随着新兴市场的崛起和一些发

⊖ 写于 2019 年 6 月。

30

展中国家工业化的加快推进，国际市场和贸易日益呈现"东升西降""南升北降"新格局。我国是世界第二大经济体和第一大进出口国，与"一带一路"沿线国家的贸易合作潜力正在持续释放，这已成为拉动我国外贸发展的新动力。同时，在技术革命、消费变革的大背景下，全球产业链和分工格局正在发生新一轮重构。建设高水平开放型的交通运输体系，既是深度参与和改变全球治理格局的重要保障，同时也是提升全球治理能力的重要途径。特别是中美经贸摩擦以来，要确保我国高新技术产业及战略资源供应链安全、保持国民经济稳定运行和提升我国全球竞争能力，适应我国在全球经贸格局、治理格局中的新地位，提升我国全球产业链和价值链中的资源配置能力，必然要求立足全球视野对交通运输发展战略进行调整。

二是新时期提升我国治理能力和水平的战略选择。未来我国将更加主动参与和推动经济全球化进程，以"一带一路"建设为重点，坚持"引进来"和"走出去"并重，遵循共商共建共享原则，加强创新能力开放合作，形成陆海内外联动、东西双向互济的开放格局。在这一过程中，交通运输要先行发挥积极功能，率先实现"设施联通"，为产能合作和协作共赢创造良好条件，提升我国全球资源配置能力和国际物流话语权，有效维护国家总体安全。作为连接生产和消费的重要环节，交通运输供给的优劣会传导到经济体系，进而影响经济发展的质量和效益。

三是推动我国实现高质量发展的有力支撑。从产业结构升级来看，要加快促进我国产业迈向全球价值链中高端，培育若干世界级先进制造业集群。先进制造业集群的形成，将依托现代化的物流体系作为支撑。从促进实体经济来看，建设现代化经济体系，必须把发展经济的着力点放在实体经济上，交通运输不仅自身是实体经济的重要组成部分，同时也为实体经济发展提供支撑和保障。从促进民生事业发展来看，全面落实"以人民为中心"的内在要求，交通运输发展不仅是民生事业发展的重要支撑，更是实现民生改善和绿色发展的重要领域。

四是实现我国交通运输创新发展的重要保障。创新是引领发展的第一动力，是建设现代化经济体系的战略支撑。当前，互联网、人工智能、大数据等新技术都在交通运输和出行领域有了深度应用和融合创新，高铁技术的发展也对居民出行和城镇化格局产生了深远影响。应进一步发挥交通运输的重要功能，以支撑产业结构升级、带动区域协调发展和激活创新创业，推动新型工业化、信息化、城镇化、农业现代化同步发展，服务经济平衡充分发展。因此，加快我国交通运输创新发展，不仅事关交通运输自身高质量发展，更对我国产业、市场、城镇化乃至创新创业等发挥重要的支撑作用。

二、新时期交通运输发展新任务

以习近平新时代中国特色社会主义思想为统领，全面贯彻新发展理念，根据交通运输领域发展的新环境和新需求，结合现代交通运输发展的新趋势，从建设交通强国的目标要求出发，确立新时代交通运输发展的方向和重点任务，引领交通领域高质量发展、创新发展和开放发展，为全面建成小康社会、全面建设社会主义现代化强国，实现"两个一百年"奋斗目标、中华民族伟大复兴的中国梦，做出更新更大贡献。

（一）新时期交通运输具有新的战略使命

全球交通创新的领先者：实现从后发追赶向前沿引领的转变，"引进来"和"走出去"深入融合，加快营造有利于交通创新要素高度集聚和自由流动的生态环境，完善适应高水平开放创新的体制机制，不断增强融入全球创新网络的广度和深度，成为应用新技术的重要领域，成为全球交通创新的引领者。

中国高质量发展的引领者：以服务经济高质量发展和建设现代化经济体系为目标，促进交通运输信息化、智能化、低碳化、市场化发展，提升交通运输发展的质量和效率，为率先实现交通运输现代化，增强交通运输对促进实体经济健康发展、产业转型升级、创新创业和构建更高水平开放型经济的服务引领作用。

全球治理重要推动者：以支撑构建人类命运共同体和更好参与全球治理为目标，加快提升我国交通运输领域国际化水平，提高我国与"一带一路"沿线国家及全球市场的互联互通水平，增强对全球交通运输体系的控制力和资源配置能力，加强交通运输领域参与全球治理的能力建设，为我国深度融入全球化和赢得全球竞争新优势以及更好地参与全球治理提供强大支撑。

（二）新时期交通运输的发展方向

根据新时代交通运输战略使命，未来交通运输领域发展应明确新发展方向，强化新的功能支撑。

一是为国内外经济增长注入新动能。交通运输极大地提高了生产要素流动和配置效率，助力国内形成"互联互通"的巨大统一市场，提升中国经济的国际竞争能力。在国际层面，交通运输是构建国际产业转移新空间的基础，有助于形成全球新的增长极。交通运输将有利于打破传统的雁阵模式，加速多维度的产业转移，为全球商品、服务贸易以及资本、劳动力等生产要素流动方面给予初始的"动能"，从而带动相关国家经济的起飞。

二是助力我国创新创业。交通运输在全球高新技术方面、新商业模式方面、新需求方面，都存在多重发展潜力，同时也是改善民生、增进人民福祉和服务人民美好生活向往的重要落脚点。瞄准世界交通科技前沿，继续推动交通技术在前瞻性、引领性、原创性基础研究和应用研发领域的重大突破，强化高铁等技术优势地位，提升大飞机等技术竞争能力，服务我国建设科技强国、质量强国、交通强国等建设目标；推动互联网、大数据、人工智能、新能源和交通运输的深度融合，培育交通运输和经济发展的新增长点；加快新型商业模式在交通运输领域的应用，带动和支撑共享经济、电子商务、现代供应链等发展，进一步增强交通运输领域创新创业引领经济社会发展的能力。

三是促进实体经济发展。交通运输不仅自身是实体经济的重要组成，同时其发展将为促进实体经济、建设现代化经济体系发挥重要支撑引领作用。进一步优化和完善交通设施、交通网络、交通节点的布局和建设，加强水利、铁路、公路、水运、航空、管道、电网、信息、物流等基础设施网络建设，提高经济整体效率，降低物流成本；通过高铁等新交通工具发展，带动投资和新兴枢纽经济形成，为地方经济发展提供新平台、新动力；促进现代供应链加快培育和发展，促进制造业转型升级，支撑培育世界级先进制造业集群和建设制造强国。

四是推动区域协调发展。发挥交通运输对生产力布局优化、产业结构升级和要素集中集聚的重要作用，提高交通运输供给的平衡性和协调性，促进形成更加有效的区域协调发展新机制。加大革命老区、民族地区、边疆地区、贫困地区交通设施建设的支持力度，服务西部大开发、东北等老工业基地振兴、中部地区崛起；以高铁、城际轨道交通、高速公路为建设重点，加快形成以城市群为主体、大中小城市和小城镇协调发展的城镇格局；服务乡村振兴战略，围绕现代农业产业体系、生产体系、经营体系构建，针对性进行交通设施建设，促进农村一二三产业融合发展；高起点规划、高标准建设京津冀交通体系，服务雄安新区建设；完善综合交通运输体系，促进长江黄金水道、粤港澳大湾区、海南自贸港等建设。

五是支撑国家治理体系和治理能力现代化。把维护国家安全作为新时期交通运输的重要任务。国家安全面临更加复杂的形势和深刻的变化，交通运输体系必须承担更加重大的责任、更加重要的功能。进一步增强我国在全球交通治理体系中的资源配置能力和话语权，保障国家在特殊情况下的稳定能力和应对能力。在国土、海洋权益问题突出，分裂势力、宗教极端势力盘踞的地区，要加强交通运输体系建设，提升国家安全保障，提高防范和抵御安全风险的能力。把交通运输体系发展作为健全公共安全体系的重要内容，在人民面临突发事件和特大自然灾害时，具备防灾减灾救灾的手段和能力。

三、保障措施与政策方向

从新战略使命来看，交通运输未来的发展会具有更加明显的融合性、协同性和目标多元化特点。必须在党中央和国务院的坚强领导下，明确保障措施与政策方向加以推进。

（一）完善组织保障和强化部门协调机制

在充分整合交通运输部内部管理职能和监管资源的基础上，遵循共建共商共促共享原则，形成投资、财政、税收、工业、贸易、金融、商贸、农业、旅游、环保、科技、国资、海关、公安等有关领域协同发力、协调联动的格局。这就要求在国家层面围绕交通强国建设，构建相应的推进机构，强化组织保障和部门协调机制。

（二）实现产业政策转型和提升交通运输功能

在经济追赶和制造业快速发展时期，选择性的产业政策发挥了重要作用。但在创新驱动和局部超越的大背景下，选择性的产业政策需要转向功能性产业政策，并逐步完善竞争政策，尽量发挥市场机制的作用，减少不必要的直接干预。结合交通运输未来的主要功能，宜将交通运输与制造业融合协同升级、现代供应链、低碳绿色发展、创新创业、结构性调整、打造新的保障能力等，作为政策制定的重点方向。

（三）扎实推进交通运输领域供给侧结构性改革

以供给侧结构性改革为主线，推动交通运输发展质量变革、效率变革、动力变革。进一步提升交通运输行业的服务质量和水平，加快降成本、补短板，为供给侧结构性改革、为国家治理体系和治理能力现代化提供支撑。以深化交通运输领域国企改革为重点，以铁路和航空领域改革为突破口，发展混合所有制经济，改善企业治理体系，培育具有全球竞争力的世界一流企业。加快交通运输企业信息化、智能化和绿色化水平，加快参与现代供应链培育发展的广度和深度，加快以大数据、云计算、人工智能等为代表的现代信息技术在交通运输中的应用，进一步发挥交通运输对实体经济和创新创业的引领带动作用。

（四）构建适应交通运输新定位的政策体系

当前交通运输已基本完成从无到有的大规模建设，即将进入高质量增长阶段和结构调整、功能提升阶段。与此相适应，应在充分发挥市场在资源配置中的决定性作用、更好地发挥政府作用的要求下，完善并构建形成新的引导扶持政策体系。要求在投融资、财政、税收、土地、准入、创新、"走出去"等方面，出台和落实一批新的扶持政策，实现目标明确、步骤清晰、发力精准的政策实施效果。

（五）打造交通运输全球竞争新优势

要进一步加快综合交通运输体系建设，优化综合枢纽空间布局，提升全国性、区域性和地区性综合交通及多式联运水平。推进沿边重要口岸枢纽建设，适应国家内外贸一体化发展新需要。完善枢纽综合服务功能，提升交通物流整体效率，提高增值业务附加值水平。提升高铁、航空等高时效运输方式的货运能力，实现客货并重，搭建创业平台，打造新型枢纽经济，为产业结构升级和区域协调发展提供支撑。改善行业治理，构建统一的监管信息平台，提升行业监管能力、监管水平和监管效率。推动建立统一开放、竞争有序的综合运输服务市场体系，增强综合运输服务市场活力和内生动力。

（六）全面提升全球交通治理能力和话语权

以"一带一路"建设为重点，以跨国交通、贸易设施建设为载体，强化设施联通、交通优先，使交通运输成为我国增强全球交通治理、促进国际地缘政治经济合作的重要基础设施。以交通工程和设备为先导，推动交通运输基础设施建设、装备、技术、标准、服务"走出去"。加强交通运输领域的开放合作，建立跨境运输协同体系，实现国际运输便利化，促进国际通关、多式联运有机衔接，提高国际运输便利化程度。进一步增强与其他国家、国际组织机构在交通领域的交流，强化重要交通运输领域的国际谈判参与，全面提升我国在全球海运、航空、铁路及公路领域的话语权，共同构建交通运输领域标准和规则一体化。

第二篇

他山之石，可以攻玉

　　站在全球贸易通道与枢纽重构的最新时点上，国外物流集群、现代物流龙头企业的创新发展和促进政策，可以为我们提供成熟和宝贵的经验及路径。他山之石，可以攻玉。通过分析全球贸易通道发展的经验和枢纽形成、壮大的内在逻辑，帮助我们进一步厘清"一带一路"贸易大通道建设的具体方向。关于西班牙内陆小城萨拉戈萨如何诞生成功的萨拉戈萨物流平台，为什么孟菲斯能成为 FedEx 及几百家配送中心和运输企业的大本营，新加坡如何处理全球 1/5 的海运集装箱和占全球半壁江山的原油供应，鹿特丹、巴拿马、芝加哥、路易斯维尔、洛杉矶等城市的物流业究竟是怎样运转的，如何培育现代物流龙头企业的国际竞争力等，这些案例让人印象深刻而富有启发性。

04 物流集群：国际贸易大通道与枢纽建设[⊖]

国际贸易大通道和枢纽格局已发生深刻变化，正在从海运为干线运输向陆路与海运并举转变。从海运时代到海陆统筹时代，全球供应链格局正在重构，大通道带动大枢纽，大枢纽带来大集散，进而带动大量新增贸易，实现国际贸易新的平衡。纵观国际贸易大通道和枢纽发展历程，有很多经验值得借鉴，他山之石，可以攻玉，为"一带一路"贸易大通道建设提供启示。

一、欧盟海运贸易通道发展经验

第二次工业革命使美洲的美国、欧洲的德国和亚洲的日本迅速崛起，陆权的作用显著提升，极大改变了世界地缘政治形势和岛国的海权优势。第二次世界大战后，欧洲的世界地位逐步衰落，欧洲各国难以再称之为独立的海运强国。欧洲统一思想由来已久，经过长期彼此之间的战争，特别是第二次世界大战后几十年的探索，1991年12月，欧洲共同体马斯特里赫特首脑会议通过《欧洲联盟条约》，1993年11月1日，该条约正式生效，标志着欧盟正式诞生。到2020年，已形成一个由28个国家组成的集政治实体和经济实体于一身、在世界上具

⊖ 写于2021年11月。

有重要影响的区域一体化组织。针对关系国家安全、经贸发展、可持续发展而投资收益低于平均回报的海运产业，依托长期的技术、经济和人才积累形成的优势，经过长期探索与磨合，形成了有效降低海运融资、运营成本、推动创新和绿色发展的"政策引导模式"。

（一）积极参与世界海运治理

欧盟拥有 28 个成员国，法国、英国是安理会常任理事国，加之早期海外殖民地扩张遗留的盟友和影响力，共同构成其参与全球海运治理的政治资本。

根据世界银行数据，欧盟 2018 年 GDP 总量达到 18.7 万亿美元，美国 GDP 总量为 20.5 万亿美元，欧盟 GDP 总量占美国的 91%。2020 年中国与欧盟商品贸易额约为 5860 亿欧元，成为欧盟第一大商品贸易伙伴。同期，美国与欧盟商品贸易额约为 5550 亿欧元，为欧盟第二大贸易伙伴。此外，欧盟还依托政治、军事、经济和海运发展的实力，积极参与全球海运安全治理体系和维护海上运输安全，对世界主要海运通道的影响力次于美国，有能力为欧盟海运业提供有效保障，必要时直接动用海军力量维护海运通道安全。例如，为打击海盗，一方面欧盟海军不断扩大海上护航范围，直接出动直升机，袭击索马里海盗在该国海岸上的基地，摧毁了数艘海盗船只，标志着欧盟海军打击索马里海盗的行动从海上扩展到陆地。另一方面，欧盟十分注重海上运输安全、救助装备建设，形成了完善的支持保障系统，包括救助巡逻飞机、船舶、饱和潜水、深海遥控机器人等均保持世界先进水平。

（二）引领海运规则、技术标准和服务发展

作为海运的先发者，欧盟十分注重在海运规则、技术标准、海运服

务等方面发挥引领作用，形成了一批具有国际影响力的企业、机构，是多个海运国际组织的发起者和总部所在地。LR（英国劳氏船级社）、DNV-GL（挪威船级社、德国劳氏船级社）和BV（法国船级社）这三个世界著名船级社位于欧洲，网络遍布全球，对造船技术规则、规范具有决定性影响。拥有以马士基班轮公司为代表的一批著名海运企业，希腊船王更是长盛不衰，他们的一举一动直接引领世界海运企业的发展方向。拥有一批世界著名海运中介和咨询公司，波罗的海航运指数全球闻名，是海运的晴雨表。世界各种海运服务合同文本、仲裁等大都出自欧洲。在世界9个政府间国际海运和相关组织中，7个位于欧盟，在世界非政府间22个国际海运组织中，20个位于欧洲，其中仅英国伦敦就有15个，IMO（国际海事组织）、ISF（国际海运联合会）、ITOPF（国际油轮船东防污染联合会）、CENSA（欧洲和日本国家船东协会委员会）、SA（救助协会）、ICHCA（国际货物装卸协调协会）、IACS（国际船级社协会）、P&I（保赔协会）、MTC OF OECD（经济合作与发展组织海上运输委员会）、INMARSAT（国际海事卫星组织）等组织的总部均设于伦敦。

正是基于长期形成的基础，从早期的《海牙规则》《海牙-维斯比规则》《汉堡规则》和《鹿特丹规则》，到今天推动航运碳排放标准等方面，欧盟均引领世界海运发展。2006年发起并从2008年10月18日起撤销班轮公会的反垄断豁免权，极大地改变了世界海运市场的竞争规则。2013年12月，欧盟出台了比《香港公约》标准更高的新监管措施，对悬挂欧盟成员国船旗的船舶拆解提出了更高要求，不仅扩大了有害物质范围、规定了更严格的有害物质处置措施，还要求完全禁止目前普遍采用的冲滩拆船等简易拆船方式，欧盟外拆船厂实行"白名单"制度。在IMO提案中，欧盟成员间交流充分、相互支持，保持了在规则制定能力、议程设置能力、舆论宣传能力和统筹协调能力等方面的优势。针对海运新一轮调整和反恐形势，欧盟努力构建全面适应21世纪挑战的国际海运管理框架，依托其政治、经济和技术优势，形成完善的规则执行体系，构建一个包括预防、快速反应能力和应变能力在内的全面的安保措施框架。

（三）完善的海运贸易支持政策

基于对海运地位、作用和海运技术经济特点的认识，经过长期探索，欧盟形成了完善的海运贸易政策。

一是通过地主港模式，以追求港城和谐发展为目标，保持港口能力适度超前状态。通过公共基础设施建设，形成完善的铁路、公路和内河集疏运体系，能够有效保障海运物资的接卸及高效转运，鼓励货运从公路集疏运转向铁路、内河和沿海运输；二是提升保障性，持续进行支持保障系统建设，提高安全预防和事故救助能力；三是以提高国际海运竟争力为目标，通过政策引导资本持续投向海运。①海员个人所得税减免政策。海运的特点决定了海员职业具有国际性、专业性、危险性、离群性、艰苦性和任重性，同时由于海员航行期间不能享受政府利用税收建立的公共福利，因此，对于海员国际航行期间给予所得税减免。这一政策被大部分国家和地区推广。②船舶吨税制度。基于海运业长期回报低于资本平均回报且投资高、风险大的特点，经过长期探索，欧盟逐步建立了船舶吨税制。企业根据其对市场的判断，选择按船舶吨位交固定金额的税或者选择缴纳企业所得税，从而大大降低了企业税负。目前，吨税制已经推广到希腊、塞浦路斯、荷兰、德国、美国、日本、保加利亚、挪威、丹麦、英国、西班牙、芬兰、爱尔兰、比利时、法国、意大利、波兰、马耳他、印度、韩国和新加坡等。③鼓励技术进步。立足于维持欧盟的海运竟争力，政府通过科技投人，促进海运技术创新，不断巩固其在海运技术、标准和服务方面的领先地位。

二、国际航空通道发展经验

（一）注重航空货运枢纽建设打好航空货运发展基础

根据国际民航组织（ICAO）2018 年统计，亚太地区航空货运占全球航空货运总量的 35.4%，欧洲占 23.3%，北美占 23.7%，三个地区合计占全球货运总量的 83.3%；中东占 13.3%，拉丁美洲占 2.6%，非洲占 1.7%。全球航空货运量主要集中在亚太、欧洲、北美等地区的国际航线市场，并且还集中在少数国家和航空货运枢纽。航空货运枢纽是航空要素资源优化配置、提升航空物流效率和竞争力的关键设施和平台，是一国航空物流体系发展水平和现代化的显著标志，是全球航空物流网络发展的制高点，也是全球范围内竞争的焦点。总结发达国家和一些新兴工业化国家航空枢纽建设发展情况，有以下成功经验或特征。

1. 在一流区位地区建设发展航空货运枢纽

全球成功的航空货运枢纽通常具有天然的地理区位优势、广阔的腹地经营优势和优良的综合交通条件等优势。一种情况是货运枢纽机场位于大型城市地区，城市发展的基础条件和外部经济环境都很好，航空客运和货运需求都旺盛，此类大型机场一般都是客货并重的综合型枢纽机场（本书将此类货运机场简称为客货综合航空枢纽）。另一种情况是货运枢纽机场在国内国际具有非常独特的地理区位优势，天然适合作为国际、国内或地区的以航空货运功能为主的中转枢纽（本书将此类货运机场简称为专业航空货运枢纽），例如美国的孟菲斯机场、路易斯维尔机场和安克雷奇机场（见表 2-1）。

表2-1 典型航空货运枢纽的区位优势和功能定位

航空货运枢纽	区 位 优 势	功 能 定 位
孟菲斯	孟菲斯位于美国中南部，处在美国南北水上大通道咽喉位置，铁路、公路、内河港口等交通基础设施发达，紧邻孟菲斯大都会区	FedEx 超级枢纽、达美航空客运枢纽之一
路易斯维尔	路易斯维尔 500 英里区域包括全美人口的一半、社会总收入和 社会零售总额的一半，铁路、公路、内河港口等交通基础设施发达	UPS 超级转运中心
安克雷奇	安克雷奇位于阿拉斯加州的太平洋沿岸，地理位置优越，经过此处的跨太平洋航线接近大圆航线，航线距离短，来往北半球主要都市仅需 3~9 个小时，9.5 小时内可以到达全球 95%以上的工业化国家	亚洲和北美地区的航空货运中转枢纽
仁川	仁川背倚 2000 万人口、GDP 产值占韩国 40%以上的韩国首都首尔，位于东北亚与北美、西伯利亚之间的北太平洋航空运线路和欧洲与东北亚之间航空运输线路的入口处，通往周边约 40 多个百万人口以上大城市只需 3~5 个小时，具有成为亚太地区主要航空运输中心枢纽的有利条件	东北亚国际航空枢纽
迪拜	迪拜是连接"五海三洲"的重要节点，地处阿拉伯半岛东南角、波斯湾南岸，是连接亚、非、欧三大洲的交通枢纽，西接欧洲、东连中东、北通俄罗斯、南有印度次大陆及非洲，是欧亚大陆间的天然中转点。在中亚、南亚、西亚、东非、北非以至欧洲之间实现了快捷方便的运输，公路 1 日内可抵达海湾邻国，海路 2 日内可抵达邻近主要海港，空运 4 小时内可到达世界 1/3 人口的国家和地区，8 小时内可到达世界 2/3 以上人口的国家和地区	连接欧、亚、非的国际航空枢纽
中国香港	中国香港处于北美到欧洲、北美到中亚地区及南亚的中间位置，是理想的货物中转地，可在 5 小时内飞抵全球半数人口居住地，而且香港临近人口达 4500 万的珠三角腹地市场及世界制造中心，是中国内地往来世界各国的主要门户	国际航空客货枢纽
法兰克福	法兰克福位于德国的心脏地带，同时又位于欧洲的中心，具有很好的地理位置，是欧洲所有机场中辐射半径内辐射人口最多的机场	德国通往世界的门户
成田	成田处于东北亚地区通往北美和东北亚地区通往欧洲的航路交会点，地理位置优越	东北亚国际航空枢纽

专栏：航空货运枢纽场址应考虑的因素

1. 在全球或地区经济和人口布局上具有良好的区位优势，航空货运服务圈覆盖范围应尽可能宽广。

2. 具有发达的公路和铁路地面交通网络，方便开展空地中转和联运。

3. 具有较好的空域环境，军民航空域冲突较少，机场基本不受恶劣气象条件、净空环境、噪声控制等因素的影响（Fedex 的孟菲斯枢纽和 UPS 的路易斯维尔枢纽都不在大型都市群，机场基本不受噪声控制影响，货机可实现 24 小时运营），机场可实现常年全天候运行。

4. 具有保障主要航空物流企业长远发展需要的土地空间、人力资源。

5. 地方政府能够制定具有吸引力的扶持政策，确保航空物流企业在该机场能以较低的土地、建设、劳动力等成本运行，能为航空物流企业营造良好的体制机制环境。

6. 航空物流企业选择航空货运枢纽时还应考虑区域经济发展状况、全球和国内航空物流企业竞争等因素。

2. 建设现代化设施实现航空货运安全高效运转

从运营角度看，航空客运航班主要集中在白天，日间的空域、航线、时刻等资源优先配置给客运航班使用。航空货物以日间取送为主，货运航班一般安排在夜间，从而与客运航班错峰运行。这种航班安排方式与高效的航空货运转运中心相结合，大幅提升了航空货运公司和地面货运业务的运作效率，显著节省了仓储空间，是保障航空物流高效、便捷、可靠的关键所在。

运行标准方面，为满足航空货运高效运转需要，对于航空货运枢纽特别是专业航空货运枢纽，通常专门针对航空货运实施差异化的运行标准和方式。例如，美国联邦航空管理局（FAA）与 FedEx 和 UPS 合作，通过技术革新改变货运枢纽机场的运行，采取与客运机场有所差别的运行标准。航空货运这些运行特点，客观上要求高标准建设航空货运所需要的飞行保障基础设施和各类航空货运设施（见图 2-1）。

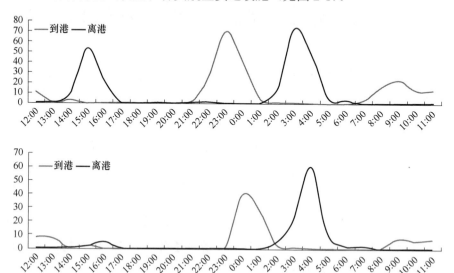

数据来源：FlightStats.com

图 2-1　孟菲斯机场和路易斯维尔机场进出港航班波

飞行保障设施方面，为保障航空货运中转和分拨持续运行，通常在自然气候条件优良地区建设机场，并通过投入大量飞行保障类设施设备和提升机场运行保障和管理服务能力来实现机场全天候运行。例如安克雷奇机场虽地处冰雪天气的阿拉斯加州，但是机场通过高效精干的专业化扫雪大队，能在 15 分钟内除去跑道上的冰雪，该机场几乎未因自然环境影响而被迫关闭。

航空货运设施方面，高效可靠的货运设施是航空货运枢纽机场能否成功运行的关键，这就要求航空货运枢纽机场在规划建设时就必须高度重视航空物流企业的发展需求，航空物流企业可按照自身需要自主设计现代化航空货运设施。

机场布局上，航空货运转运中心等航空货运设施应处于机场中心位置，或应临近跑道与滑行道布局，以实现飞行区与陆侧作业区紧密衔接，从而尽可能缩短全货机地面滑行距离与时间，减少货物拖车的地面运输距离、时间以及附加装卸环节，提高航空货物地面处理效率。孟菲斯、路易斯维尔、仁川等机场的功能布局都具备这种特征。

3. 多模式、多路径发展航空货运枢纽

由于地理因素、市场条件和政策环境的差异，全球主要航空货运枢纽的形成和发展各具特色，发展模式呈现多元化、多样化趋势。

从驱动发展的市场主体看，航空货运枢纽的建设和运营与全球大型航空货运企业密不可分，主要有三类模式：一是单一大型企业主导型，特别是具有全球网络的大型航空运输企业或物流企业，选择符合自身长远发展需要的机场作为航空货运的基地枢纽，其在这些机场运送的货运量通常占机场货运量的绝大部分，主要代表有 FedEx 主导的孟菲斯机场（货运吞吐量占机场总吞吐量的 98%），UPS 主导的路易斯维尔机场，DHL 主导的莱比锡机场等。二是大型企业龙头带动型，往往由一个或若干个大型航空货运企业或物流企业为龙头，成为带动航空枢纽发展的主体。例如德国法兰克福是以汉莎货运为发展主体；中国香港是以国泰货航等为发展主体，其对该机场的货运吞吐量和机场收入的贡献率在 30%～50%；大韩航空货运量占仁川机场总货运量的近一半。三是集群推动型，即以大型航空运输企业或物流企业集聚推动枢纽发展。例如美国芝加哥、荷兰史基浦等航空货运枢纽，通过集聚全球大量航空运输企业及其客、货运航线航班，形成强大的货物集散功能和物流服务能力，从而跻身全球航空货运枢纽前例。

从发展路径看，航空货运枢纽的发展模式各有不同，主要模式有：一是以航空货运发展为主导的专业化航空货运枢纽发展模式。主要代表

是美国的孟菲斯、路易斯维尔，德国的莱比锡，西班牙的萨拉戈萨。二是依托客运枢纽、形成客货并举的综合型航空枢纽模式，即在现有的大型客运枢纽的发展基础上，一方面，通过建设专业化的航空货站、货机坪、跑道等枢纽设施，吸引专业化航空物流企业；另一方面，根据客货错峰运行的特点大幅增加夜间货运航班，从而发展为客货并举的综合型航空枢纽。主要代表有中国香港、新加坡、法兰克福、芝加哥等地的机场，是全球客货运排名都较为领先的综合型航空枢纽。三是从客运机场成功转型而形成的航空货运枢纽，例如美国的安克雷奇机场，其在 20 世纪 50 年代成功从军事机场转型为欧美至远东客运航线的中转站。进入 20 世纪 80 年代，随着航空技术的升级和新型远程飞机的问世和投入使用，安克雷奇的客运中转功能逐步弱化，机场审时度势逐渐转型成为亚洲和北美地区航空货运中转的枢纽机场。

4. 航空货运枢纽注重与大型国际快递物流企业的深度合作

从全球航空货运发展经验来看，航空货运枢纽是航空货运各类要素资源的集聚中心，是 FedEx、UPS、DHL 等全球大型快递物流企业构建中枢轮辐式航空物流网络的关键支撑。通过航空货运枢纽和中枢轮辐式航线网络的打造，实现了航空物流的规模经济效应、运行成本降低和服务范围拓展。航空货运枢纽的建设与发展和基地航空货运公司密不可分、相辅相成。例如孟菲斯、路易斯维尔、安克雷奇等航空货运枢纽非常注重与基地航空货运公司的长期战略合作，机场通常在土地、设施、时刻等关键资源上优先支持基地航空货运企业，在机场规划、建设和运营诸方面充分考虑基地航空货运企业的意见，做好中长期规划和土地预留，逐步有序建设基础设施，以满足基地航空货运企业增加航线、航班以及长远发展需求。例如，孟菲斯机场管理局为确保联邦快递长远发展需要，通过与军方协调，将田纳西州空军国民警卫队基地从机场北部迁至机场东南侧（联邦快递超级枢纽在孟菲斯机场的北部）。仁川机场从规划之始就做好了机场总体规划和充足的土地预留，机场最终将具备旅客吞吐量 1 亿人次、货邮吞吐量 1000 万吨的发展空间和能力，并分成四个阶段推进机场建设工作。（见表 2-2）

表 2-2　仁川机场总体规划实施计划

设　　施		一二期工程（当前）	三期工程（2009～2017 年）	四期工程（最终）
总占地面积（m²）		21 292 000	22 397 000	47 428 000
跑道数量		3	3	5
旅客航站楼（m²）		496 000	880 000	1 390 000
卫星航站楼（m²）		166 000	166 000	166 000
机坪（m²）	客运	2 437 000	3 227 000	4 398 000
	货运	737 000	1 147 000	1 893 000
保障能力	设计起降架次	410 000	410 000	740 000
	设计旅客吞吐量（人次）	4400 万	6200 万	1 亿
	设计货邮吞吐量（吨）	450 万	580 万	1000 万

5. 航空货运枢纽是集聚高端产业、促进区域经济和融入全球经济的新动能

航空货运枢纽带来规模庞大的物流、资金流和信息流，不仅能够吸引和集聚货运代理、分拣加工、仓储配送、保税监管、信息咨询、金融、航空制造维修、贸易、金融等多样化产业，而且能够吸引诸多高端产业的研发、制造、维修向航空货运枢纽周边聚集，有利于培育和壮大高端产业生态体系，对促进区域经济发展具有重要的"增长极"作用。同时，航空货运枢纽所在地可借助航空物流的快捷高效优势，通过航空货运枢纽联通全球航空物流网络，快速打造融入全球的供应链和高端产业链，对促进国际贸易发展和提高国家竞争力有重大意义。

（二）依托航空物流企业打造国内外航空货运网络

1. 航空货运从专业化走向综合物流化

航空货运业务分离实行独立运营已经成为全球大中型航空公司的普遍选择，我国的客货混合型大中型航空公司也基本如此。受经济全球化和交通物流领域的变革影响，高端商品的全球采购和全球销售模式越来越倚重高时效物流服务，单一运输模式的发展空间越来越小，航空货运在专业化运行的基础上，正加速向综合物流转型。一方面，FedEx 和 UPS 等全球快递物流企业自主开展航空货运业务，并通过整合物流服务链，应用现代信息技术，发挥多式联运优势，为用户提供"门到门"的全流程、高时效物流服务。另一方面，传统的航空货运公司也在积极谋求转型发展，不断拓展业务领域，通过并购、重组、联合等模式拓展物流服务链条，并通过数据、信息平台的共享，将仓储、空运、陆运、海运有机结合起来，为客户提供全面、系统、综合的服务。如德国汉莎航空、大韩航空、日航等货运航空公司围绕时效性、便利性细化产品，由传统的"机场到机场"服务向"门对门"服务发展。

2. 航空货运企业积极开展跨国合作

由于受航权交换国际法律体制的限制，在国际航空物流中，任何一家航空公司都无法独立提供至全球所有通航点的运输服务，在跨国并购通常不被允许的情况下，全球很多航空货运企业（包括开展航空货运业务的快递物流企业）与其他航空货运企业、客运航空公司、快递物流企业通过合作、联盟、联合经营、股权投资等方式，发挥资源互补优势，快速扩大彼此的全球航空物流网络。例如，德国汉莎货运为拓展全球航空货运网络，2014 年与日本全日空航空货运公司、2016 年与中国香港国泰货运公司、2018 年与美联航货运公司分别建立了战略合作伙伴关系，共同打造通航更多目的地、连接更便捷、运力保障更强大、服务质量更高的的航空货运服务网络。合作方式上，合作双方共同拓展市场、收益共享、风险共担。双方主要通过股权合作、货运联营等方式开展深度战略合作，共同出资设立合资航空货运企业，并在经营管理上进行深层次协作，统一作业标准和流程，联合营销（一站式定价和预订服务）、联合运输、货运设施共用，并做好信息系统的无缝衔接以实现信息共享交互。

3．布局航空货运枢纽，打造中枢轮辐式航线网络

从国际经验来看，一方面，航空枢纽建设为大型快递企业和航空物流企业布局和构建专业化、高效运行的运作基地网络、形成中枢辐射式航运模式和创新经营服务方式，提供了平台和基础；另一方面，航空枢纽的发展进一步带动更多航空要素资源的集中集聚，为大型物流企业更好地整合和优化配置航空要素资源、提升运营效率和全球竞争能力提供了机遇和空间。因此，全球大型快递企业和航空物流企业都在国内国际布局建设航空货运枢纽，建设高效的货运分拣、转运处理设施。例如，联邦快递不仅在国内布局了孟菲斯核心枢纽和两个国家级、三个地区级、两个大都会地区的分拣处理设施，还在阿拉斯加、法国巴黎、德国科隆、中国广州、日本大阪布局服务于国际市场的分拣处理设施（见表 2-3）。

表 2-3　联邦快递在国内外布局的分拣处理设施

地 理 位 置	英　　亩	分拣能力/小时
核心分拣处理设施		
孟菲斯（田纳西州）	800	484.000
国家级分拣处理设施		
印第安纳波利斯（印第安纳州）	482	184.000
迈阿密（佛罗里达州）	29	7000

（续）

地 理 位 置	英　亩	分拣能力/小时
地区级分拣处理设施		
沃斯堡（德克萨斯州）	168	76 000
纽瓦克（新泽西州）	70	156 000
奥兰多（加利福尼亚州）	75	63.000
格林斯博罗　（北卡莱罗纳州）	165	23 000
大都会地区分拣处理设施		
芝加哥（伊利诺伊州）	54	23 000
洛杉矶（加利福尼亚州）	34	57 000
国际分拣处理设施		
安克雷奇（阿拉斯加州）	64	25 000
巴黎（法国）	111	63 000
科隆（德国）	11	20.000
广州（中国）	155	56 000
大阪（日本）	17	9000

全球大型航空物流企业围绕国内国际航空货运枢纽，采用中枢辐射式航线网络进行运营，以优化航空公司资源配置：一是航空公司可合理安排机队结构，将大型飞机运力安排在枢纽机场间的航线上，枢纽机场与非枢纽机场则采用中小机型运营。二是有利于发挥密度经济，将客货通过枢纽机场中转，将运输需求集中到枢纽机场，增加枢纽机场的航班密度，通过发挥密度经济优势降低航空公司的飞行、燃油、维修等运行成本。三是有利于发挥网络经济规模效应，辐射式网络减少了网络节点间的连接数量，能够以更少的航线连接更多的节点，增加了连接点的货运量，有利于降低单位运输成本。

（三）改善各类保障支持服务以提升航空货运效率

1. 具备快捷高效的各类通关服务

各级政府一般将枢纽机场的航空物流设施（航空货站、航空物流园区）纳入自由贸易区范围，并通过流程优化、电子海关系统建设等措施，为航空货运发展提供快速高效的海关、安检、检验检疫等监管服务，以确保航空货运业务的高效运转。例如，韩国将仁川机场航空货运区和物流园区纳入仁川机场自由贸易区范围，并以构建"21 世纪世界最佳海关"为目标，通过改善进出口物流管理流程、电子海关建设等措施，为货物通关提供一站式、7×24 小时、高效快捷的通关服务，使仁川机场通关效率和能力得到极大幅度的提升；进口通关时间由原来的超过一天缩短至 2 分钟以内、出口通关时间由原来的超过两天缩短至 2.5 分钟以内。我国香港为促进国际航空货运发展，2000 年出台《航空货运转运（促进）条例》并修改相应法规，规定转运货物不再受进出口管制，无需按先"进口"再"出口"程序操作，只需提前向海关提供转运信息即可，使得航空货物在机场内的转运操作更加顺畅。此外，香港机场的空运货物处理系统与海关的空运货物清关系统互相连接，在货物抵港前 3 小时即可传送有关的货物资料以加速通关流程。新加坡樟宜机场航空货运中心作为自由贸易区，让各公司不用报关即可在中心内方便地移动、组合、储存和重新包装货物，只有当货物离开航空货运中心时，才需要通过自由贸易区终点的海关和安全检查。

2. 具备无缝衔接的多式联运服务

国际上排名靠前的航空货运枢纽，基本上都是多种交通运输方式无缝对接的综合型交通枢纽，可便捷开展空陆、空海、空铁等多种交通方式的联程联运，拓宽了机场的腹地辐射范围和枢纽功能，使机场具备更强的竞争优势，能够为客户提供高效及时的物流服务。例如，孟菲斯机场作为联邦快递的超级枢纽，航空货物经孟菲斯机场分拣后，既可通过空运将大部分货物分拨到美国本土或全球各地，也可通过发达的公路运输用一个夜晚的时间将货物分拨运送至美国大部分地区。仁川机场通过发挥空海联运优势，将很多运往中国的货物经仁川机场分拨后，公路运至仁川港再通过轮船运送至中国港口；或从中国出发运往全球各地的货物，先从中国港口通过轮船运至仁川港，经公路运送至仁川机场后再空运至全球各地。迪拜机场也大力推行海空联运业务（海空联运成本比单纯空运节省30%），对于运输成本较为敏感且时限要求不强的客户，可依靠海空联运的时间规划来安排生产和交付，海空联运后迪拜机场超过20%的货物来自全球第八大港口阿里山港口，海空联运业务成为迪拜航空货运业务发展的重要推动力。

3. 具备安全卓越的机场运管服务

机场管理当局的管理能力和服务水平也是机场能否发展成为国际航空货运枢纽机场的关键影响因素。国际上排名靠前的航空货运枢纽机场都高度重视机场规划建设、运营管理和服务质量，以吸引航空货运企业选择机场作为航空货运中转枢纽。例如，安克雷奇机场将航空货运作为机场核心发展方向后，制定长远发展战略，加大盲降系统等基础设施设备投入，全面革新运营理念和管理流程，地处常年冰雪气候地区还创造了全球机场年运营时间最高纪录，为航空物流企业创造了优良的运行环境。仁川机场不断坚持管理创新和新技术应用以引领高品质服务，加强市场营销以确保未来竞争力，连续9年获得国际机场协会颁发的"全球最佳机场"称号，全球顶级的管理能力和服务水平成为机场持续发展的保障。

（四）对航空货运发展给予有力的政策扶持

1. 从国家战略高度施策支持航空货运发展

航空货运发展涉及产业多、覆盖面广，事关国家发展战略和地区发展利益，很多国家从国家战略高度重视航空货运发展，对航空货运枢纽和航空物流企业的发展，中央政府和地方政府在财税、机场使用费、土地政策等方面给予大力支持，以相对较低的运行成本吸引国内外航空物流企业。比如，韩国政府将仁川机场的发展提升至国家战略高度，统筹考虑机场发展问题，针对仁川在东北亚的区位优势，明确将仁川机场定位为东北亚地区的航空货运枢纽，并出台了中央和地方税收减免、土地租赁费用减免、机场起降费用减免等一揽子扶持政策，对机场快速发展及临空经济区发展发挥了重要作用。仁川机场的主要扶持政策，一是对开通新航线的航空公司、现有航空公司增加航班、夜间航班给予 3 年期内 25%～100% 的起降费减免优惠，与上海浦东机场（PVG）、大阪关西机场（KIX）、香港机场（HKG）、东京成田机场（NRT）相比，仁川机场的收费和运行成本都是最低的（见表 2-4 和见图 2-2）；二是对于进驻园区的企业，根据所处行业和投资规模分别给予 5～15 年的土地使用费用免征的优惠政策（见表 2-5）；三是对于进驻园区的企业根据所处行业和投资规模，在一定期限内分别给予减免关税、增值税、公司税、收入税等中央税以及购置税、登记税、财产税等地方税（见表 2-6）；四是政府通过"建设—拥有—运营—移交"的公私合作模式，允许企业直接投资建设物流、制造等设施，最长可授予企业 50 年运营期；五是对外商直接投资提供 10% 以上的资金补助。

表2-4　仁川机场降落费用优惠政策

航空公司优惠类别	机场降落费用优惠
新增航空业务优惠	3 年优惠 50%～100%
航空业务增频优惠	3 年 50%
夜航业务优惠（23：00～5：00）	3 年优惠 25%

表2-5　仁川机场土地租赁费用免征优惠政策

投资额（美元）	土地租赁费用减免
500 万～1000 万	50%（5 年）
1000 万～1500 万	100%（5 年）
1500 万～3000 万	100%（7 年）
3000 万～5000 万	100%（10 年）
5000 万以上	100%（15 年）

*全球分拨中心和制造商延长两年。

表2-6　仁川机场自贸区对外国公司的税收优惠政策

税收优惠类别		投资总额（美元）	优 惠 政 策
税收减免	中央税（关税）	—	免征
	中央税（公司税、收入税）	制造：3000万以上 物流：1000万以上 研发：200万以上	前5年减免100% 此后两年减免50%
		制造：1000万以上 物流：500万以上 研发：100万以上	前3年减免100% 此后两年减免50%
	地方税	制造：1000万以上 物流：500万以上 研发：100万以上	购置税、登记税：前15年减免100% 财产税：前10年减免100%，此后3年减免50%

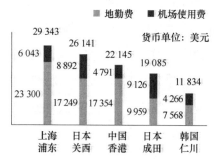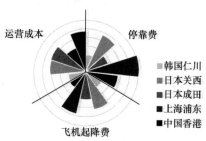

资源来源：仁川机场官方网站

图2-2　仁川机场与其他机场使用费用对比

再比如，迪拜2015年战略规划中明确将交通基础设施作为公共投资的重点领域，出台了相关的优惠政策，还专门拨款150亿迪拉姆（约270亿元）资助迪拜国际机场历史上规模最大的扩建工程。而且机场作为迪拜自由贸易区之一，享受的优惠政策主要有：外资可100%独资，不受阿联酋公司法中规定的外资持股不得超过49%的条款限制；外国公司享受所得税免征15年，期满后可再延长15年；资本和利润可自由汇出，不受任何限制；无个人所得税；进口完全免税；货币可自由兑换、不受限制等。

2. 不断倡导和推进航空运输自由化

自 20 世纪 80 年代以来，以欧美发达国家为先导，不断推动国内国际"天空开放"，深刻地影响着全球航空运输市场的发展格局。

一方面，推动国内航空市场自由化。通过减少和取消政府对国内航空运输业的经济管制，放开航空运输市场准入和定价，让市场机制在国内乃至全球航空市场发挥主导作用，有利于促进航空要素资源的优化配置，从而推动航空枢纽的形成和实现航空物流的集约化、规模化发展。例如，1978 年美国颁布《航空公司放松管制法案》，全面解除对航空运输业的管制，在市场准入与退出、价格制定、航线资源分配等方面按照市场化原则进行管理，航空运输企业的经营活动基本不受限制。此后，从商业模式角度看，美国航空公司逐渐演变为网络型航空公司、低成本航空公司和支线航空公司三类，其中大型骨干航空公司为促进航空要素资源优化配置、降低运行成本，纷纷调整策略，将大部分运力转移至枢纽机场和长距离大运量航线市场，以至少一个枢纽机场为轴心的中枢辐射式航线网络运营其绝大部分航班，演变成网络型航空公司。FedEx 和 UPS 等货运航空公司大多都是以中枢辐射式航线网络运营的网络型货运航空公司。

另一方面，倡导和推动国际航空运输市场自由化。欧美一直在倡导和推动航空运输自由化。1992 年开始，美国"天空开放"政策加速推进，已与全球一半以上的国家或地区就天空开放协议达成一致；1995 年，美国发布国际民航运输政策声明；1997 年，欧盟内九大航权全部开放，欧盟所有航空公司都可获得成员国的国内运输权，这标志着欧盟单一航空市场时代的到来；2001 年，美国与文莱、智利、新西兰和新加坡签署多边航空运输自由化协定（开放第七航权），随后库克群岛、汤加和蒙古加入；2007 年，欧盟与美国达成航空运输协议，在客运方面互相给予无限制的第三、第四和第五航权，在货运方面给予无限制的第七航权。除欧美外，很多国家也在积极扩大航权开放，为打造具有国际竞争力的航空货运枢纽，通常给航空货运枢纽授予有力的航权开放政策，以支持航空货运枢纽和航空货运企业打造覆盖更广、联通全球更便捷的国际航线网络。例如，韩国政府积极对待"天空开放"问题，与美国签署"天空开放"协定，与德国签订货邮"第五航权"协议等，为仁川机场打造国际航空货运枢纽奠定了基础。安克雷奇机场在美国享有最自由的航空货运转运权，进出美国且在阿拉斯加周转的货物可在航空公司间自由转移，方便了航空公司利用机场货运权建立全球货运物流链以及一体化的伙伴联盟。迪拜政府积极奉行"天空开放"政策，并欢迎国内外航空公司的任何航班在任何时间降落，从而吸引了来自世界各国的航空公司积极开辟迪拜航线，也增加了阿联酋航空公司与其他政府谈判时的筹码，从而较易获得比较优惠的航权政策（见表 2-7）。

表 2-7　全球主要的航空运输协定模式

不同维度	传统双边民航运输协定模式（芝加哥模式）	双边温和自由化模式（百慕大模式）	双边天空开放模式	美欧天空开放模式	区域自由化或一体化民航运输协定模式
航权	一般相互授权一、二、三、四航权	除第一至第四航权外，开始对第五航权进行规定	相互开放所有航线，指定航空公司可在两国间任何两点间运营航线，不受任何限制（包括中间点和以远点）	相互授予第三、四和全货运航班第五航权。美国航空公司获得运营欧盟内两国间航线的权利，但欧盟航空公司未获美国国内载运权	开放包括国内载运权在内的全部航权

（续）

不同维度	传统双边民航运输协定模式（芝加哥模式）	双边温和自由化模式（百慕大模式）	双边天空开放模式	美欧天空开放模式	区域自由化或一体化民航运输协定模式
运力	根据航线运营情况和实际运输需求来确定指定航线上的运力（50:50）	特定航线上的航班班次决定权留给航空公司，两国事后协商调整	所有航线上取消运力限制	所有航线上取消运力限制	废止运力限制
运价	价格由两国政府双重批准	经 IATA 会议多边商定，由两国政府"双重批准"	航空公司自由设定运价	运价由航空公司自由确定，除经法定程序政府不得干涉	欧盟的航空公司自由设定运价，除非高运价损害消费者利益或低价使所有航空公司广泛受损
指定航空公司数量	双方各指定一家或两家航空公司运营指定航线	双方可指定一家或多家航空公司运营指定航线	双方可指定一家或多家航空公司运营指定航线	所有美欧航空公司均有权在美欧间任一航线上运营	废止航空公司指定数量限制
国籍条款	有航空公司所有权和控制权要求	有航空公司所有权和控制权要求	保留航空公司所有权和控制权要求	放松航空公司所有权和控制权要求，美国航空公司的外资占比提高到 49.9%，美国对欧盟航空公司股权占比最高为 25%	航空公司在欧盟内部的投资限制完全取消

　　从很多国家或地区推进航空运输自由化的经验来看，开放的国际航空运输政策不仅有力推动了航空运输业发展，还推动了国家和城市在全球的贸易、商业地位显著提升。例如，自 1937 年实施"天空开放"政策以来，阿联酋在签署开放天空协议方面位居全球前列，航空业取得长足进步，2019 年航空业对阿联酋经济贡献 474 亿美元，约占 GDP 总量的 13.3%。香港自贸港由主要依靠航运转向更多依靠航空货运，香港机场货运量由 1998 年的 163 万吨增长到 2019 年的 480 万吨。

三、物流枢纽在跨境通道建设中的核心作用和发展经验

物流枢纽是集货物分散、存储、分拨、转运等多种功能于一身的物流设施群和物流活动组织中心，是物流体系的核心基础设施，是跨境贸易通道的最核心节点，是国际经贸合作的最关键纽带，更是全球供应链布局和全球资源配置能力的最重要依托。研究国际物流枢纽的发展经验对"一带一路"贸易大通道建设具有重要指导意义。

（一）地理条件和市场中心区位是物流枢纽形成的必要基础

优越的自然地理条件是物流集群形成和发展的先天优势。早期的物流枢纽往往分布在沿海地区，这是自然地理优势的必然体现。具体而言：在物流的运作过程中，成本压力是企业不可避免的负担。企业基于成本最小化的考量，优先选择具有成本优势的区域开展物流运输活动，因此，地理位置较优越的区域会吸引更多的物流活动。如南欧的位置优势为 Zara 提供了中国所不具备的交货速度；新加坡毗邻马六甲海峡，马六甲海峡是太平洋沿岸东亚经济体、南亚和西方国家的天然交汇点，地区之间的海上货物需要在新加坡拐弯并穿过海峡。此外，巴拿马运河是连接太平洋和大西洋之间海上运输的人工通道，自然沿线的巴拿马城具有海运捷径。鉴于新加坡和巴拿马等城市拥有天然的地理捷径，就成了整合货物、转交给区域承运人、仓储、加油、维修等一系列物流活动的最佳选择；同样，现代物流依赖良好的气候条件，气候是物流活动的保障因素。制造商、零售商和分销商在准时交付制的约束下，不能容忍极端天气造成的延误，因此，物流中心一般坐落在气候较好的区域。如新加坡地处赤道，几乎没有极端的天气。孟菲斯地处美国中南部，位于美国气候条件稳定且温和的区域，既能避开冬天恶劣的天气，也能避开墨

西哥湾的飓风和美国大平原的龙卷风的冲击。由于新加坡和孟菲斯等地很少发生极端的气候现象，保证了物流活动所需的可靠性和平稳性。虽然地理优势和气候条件在物流枢纽的形成中扮演着重要的角色，但并不是决定性因素，并不能保证物流枢纽的持久生命力。例如，马六甲海峡附近还有很多城市具有和新加坡一样的自然地理条件和气候条件，鹿特丹也不是北海和莱茵河之间唯一的城市。

区位优势是物流活动中心形成的必要条件。新加坡和芝加哥处于城市群的中心区位，大量商品在此进行流转，成为仓储、集拼和运输公司作业的场所，并由此发展成为区域性物流中心。孟菲斯地处美国中部，连接东西海岸，水陆交通网络发达，天然成为各类交通方式必经之地，迄今为止仍然保持密西西比河上的第二大内陆港和美国驳船和铁路物流中心地位，并作为航班中转、优化路径的重要节点，进一步升级成为美国航空货运枢纽。此外，全球性的长途贸易需要船舶和飞机跨州越洋，港口城市成为连接铁路穿越大陆运输的终点和跨洋运输起点的天然纽带。鹿特丹是荷兰最大的港口，占地面积已达105平方千米。在鹿特丹，公路和铁路纵横整个港口，港口转运和再出口运量达到总货运量的50%以上。孟菲斯、鹿特丹等港口承接较高比例转运业务，并因此形成了以枢纽为中心的交通运输网络。

（二）枢纽基础设施是物流枢纽发展的坚实底盘

长期、持续、系统的基础设施建设是物流枢纽形成和发展的必备条件，也是贯穿和决定物流枢纽生命周期的关键因素。物流枢纽是物流网络中各节点相互联系、相互配合的重要环节，物流枢纽的发展需要依靠不同类型的基础设施作为支撑，基础设施在其中发挥着坚实底盘作用。主要体现在以下三方面：

第一，实体基础设施的不断升级和互联互通水平的持续提升是促进

物流枢纽与全球贸易对接的重要基础。实体基础设施主要包括水上基础设施、路上基础设施、道路、铁路联运货场、航空货运机场等，是进一步发挥自然条件和区位优势、提高枢纽承载能力和运转效率的重要支撑。现代科技的持续进步和全球贸易需求的不断增长，推动各国持续加大基础设施建设和更新的投入。例如，全球船舶大型化的趋势，要求港口、运河等设施进行改造和投资，为更大的船只服务。鹿特丹港通过对人工深水航道的扩建改造，现已形成 22 米深的人工航道，并在海里延伸 31 海里，航道中段是近 2 英里宽的深挖盆地，船只可在此掉头。鹿特丹还致力于打造道路、铁路和管道等连接欧洲经济中心的路上基础设施，这一扩建工程对保持鹿特丹港在海运中的核心作用至关重要。又如，现代产业持续向高技术、高价值和高时效要求迈进，推动航空货运市场需求快速增长，带动了适应重型货运飞机起降的货机跑道、停机坪乃至货运机场等航空设施的建设和持续投资。萨拉戈萨货运机场通过不断加长货运跑道和拓宽路面，持续提高货运机场与大型的道路、铁路的多式联运效率，发展为西班牙的贸易中心。同样，美国的芝加哥、孟菲斯和洛杉矶，以及新加坡等国际枢纽，均形成了公路、铁路、水路、航空走廊之间紧密衔接和顺畅运转，不断吸引物流和贸易资源集聚。

第二，金融、信息和能源等辅助性基础设施为物流提供资金流、信息流和源源不断的动力。在供应链中，物流活动不仅是实体商品的流转，每个实物商品的交付还涉及资金流转。因此，物流枢纽的发展需要所在地区具有强大的贸易和金融等服务功能的支持，并实现物流业与贸易和金融等相关产业互动发展。芝加哥依托大宗商品物流枢纽地位，大力发展融资、担保、保险等传统金融业务以及期货、期权交易等延伸金融业务，促进商品贸易交易达成更加便捷、价格更加稳定，进一步稳固了其贸易枢纽地位。此外，伴随着物流活动的运作，供应链信息流不断产生。供应链信息流在供应链中传递需求和供给信息，并提供准确的管理信息，进而使供应链上的每一环商家（零售商、分销商、制造商、供应商）能等得到实时信息，从而更好地服务最终客户。新加坡在信息设施上的投资是最好范例，为了保持实业实力，支持物流集群和金融中心等新产业，新加坡对信息通信设施进行大规模投资，在全国范围实现超高速光纤接入，并辅之以无线网络。更重要的是，枢纽还需要强有力的能源设施来支持交通工具和集群的营运，燃油等能源供给成为物流活动运行的基础。高效、大规模的能源设施为物流集聚带来竞争优势，承运人通常在装卸货的地方加油，因而物流中心同时也有巨大的能源设施（管道、原油码头、炼油厂等）。新加坡是世界上销量最大的加油港口之一，2021年新加坡销售的海事燃油超过5000万吨。同时，物流集聚中高效率的燃油业务又使得物流业务更有吸引力，如安克雷奇和迪拜开始是航空加油点，现已凭借能源带来的竞争优势成了物流枢纽。

第三，持续提高土地使用效率是突破基础设施限制的关键。物流活动不仅需要海洋、河流，也需要可扩展的土地资源，物流枢纽建设的空间上限为土地供应所限制，物流枢纽的持续发展因此也存在理论上的物理边界，提高土地资源使用效率成为枢纽持续发展的关键。如鹿特丹刚开始是贸易中心，但随着物流设施（码头、船坞）的新建，带动了商业设施（住房、零售商店、写字楼等）围绕港口发展，所有商业活动填满整个物流规划区域。但随着城市的发展，这些码头、船坞因为占地面积大而变得比较奢侈，于是被改造成步行街、写字楼等。随着城区不断向港口靠拢，物流运营中的货车、铁路和空中交通给居民的生活带来了些许困扰。从可持续性的角度来看，物流枢纽的发展必须努力提高土地、空间的综合利用效率。洛杉矶到长滩港之间是美国最繁忙的港区，为了突破土地资源的限制，港区鼓励物流活动避开交通高峰期，同时增加夜晚和周末的作业时间，提高白天作业的收费标准。除了调整作业的时间以外，还把部分物流活动转移到集群以外的新开发区域，即通过空间置换解决拥堵问题。新加坡则通过开发交通控制系统来调节物流和疏通车辆，并且在 2007 年发起了 20 亿新元的填海项目，这为物流活动的持续运营提供了动力。

（三）充分发挥枢纽对要素的集聚和降本增效作用

从降本增效的角度来看，物流枢纽承担了协同、整合各类要素的重任。充分发挥枢纽对要素的集聚作用，可以有效整合物流产业的规模化、集约化，进而提高物流企业的运作效率，降低物流费用。

第一，通过整合供给提高枢纽运营效率。整合作业即承运人通过高频率的定期发车（轮船、飞机）安排和多批次的取送货服务，来提高运营效率。运输服务的高频率在交通枢纽中表现尤为明显，虽然某一线路的货量可能不足以支撑高频率的直达运输服务，但是"枢纽+支线"这样的体系，能够整合更多的货源，并提供高频率的运输服务。此外，大型物流集群间的运输能够减少中间集散环节的数量，从而降低运输成本、提高服务水平。大型集群间的集运效率高于零担货车运输，因为集群的出货量大，货物可从起运地直接发送到目的地，可省掉中间集散环节。例如，从美国西部的洛杉矶、西雅图到中西部的芝加哥、孟菲斯等地，在港口就可以整合成长列货车，直接开往中西部，而无须在途停车、编组，这就缩短了在中间集散环节转换的时间。卡拉德里罗是西班牙最大的鲜鱼分销厂，为了降低货物的运行成本，其把所有的非洲鱼源整合到最近的南非约翰内斯堡国际机场。通过拼货整合，减缓了每条渔船补货量的日常性波动。通常情况下，取货和送货服务是承运人提供的服务中成本最高的部分。而物流活动集群化能提高取送货的效率，物流集群的园区里有较多发货人和收货人，并且距离较近，这就缩短了取送货的路程，进而能够节约物流成本。

第二，通过集中需求降低物流成本。直达运输通常是货主的首选，因为它提供了更短的在途时间、较少的路径错误。但货运的流向往往是不平衡的，这使得承运人回程时可能面临着空载运输。空载运输只会增加运输成本，而无任何收益。因而，承运人将面临减少空载里程的压力，在这种压力下承运人把直达业务更多地转移到物流园区。以物流园区为起点的直达运输模式，将小批量、多品种、多频次的零担货物整合为具有规模效益的直达运输，从而使运输公司更加经济地使用日益大型化的运输工具。此外，较大的集群规模会有更多的货主，货主和货主之间的横向合作也变得更加容易。横向合作的实质是利用直达货车整合运量，提高运输效率。如庄臣和劲量两家公司合作，整车承运人把庄臣和劲量的货物拼合成一车，交付给客户，两家发货公司都降低了运输成本，提高了按时交货的比率。

第三，合理引入竞争提高集群服务质量。通过引入多个承运人促进市场竞争，实现稳定价格和保证服务质量。物流经营活动在形成大规模企业集聚、大量吸引客户和货物的同时，也创造了充分竞争的市场环境，有利于经营主体之间进行相互竞争，形成更为合理的价格水平。随着集群规模的扩大，有更多的承运人加入进来，为货主提供多种运输服务。为了创造差异化，新运输公司的加入会提供新的服务项目。随着新运输公司的不断加入，物流服务的种类也日益增多，这使得服务的广度和深度得到提高。更重要的是，由于物流聚集中企业数量众多，吸引客户和货物种类丰富多样，物流企业和客户之间可替代或选择空间较大，有助于集群内物流供求状况趋于稳定，价格也随之趋向平稳。例如，孟菲斯的集群中存在着驳船、铁路、卡车等多种运输模式及多个承运人，多种运输模式和多个承运人的存在为货主和承运人的生产经营活动增加了灵活性。

第四，通过扩大库存提高响应及时性。在物流运营活动中，市场可能出现不可预测的需求变化和供给的不稳定。这时，货主通常使用安全库存来缓冲供需不平衡问题，而库存又会带来资金成本。这就要求在维护足够的安全库存的同时尽量减少存量数量。因此，通过对库存整合使其集中，保证在配送中心保存大量库存。此外，高频率发货要求更严格的时间控制能力，而延长截止发货时间为物流活动提供时点优势。例如，1-800-Flower 在孟菲斯的订单是由马洛里-马力山大国际物流经营，并且延长订单截止时间，如果客户在其下单，第二天即可送达。并且，位于空运枢纽周边的集群也拥有不可比拟的时效优势，能够为快速周转的活动（如紧急维修）提供额外的时间。例如，东芝与 UPS 集团签约，在路易斯维尔航空枢纽的 UPS 世界港附近建立了维修中心，因为维修中心在路易斯维尔航空枢纽附近，具备时效优势，维修中心会很快收到货物，并且有更长的工作时间。因此，通过整合枢纽库存、延长截止发货时间和空运周边的集群，能够提高供应链的总体时效性。

第五，通过知识共享促进人力资本积累和持续创新。物流作业的可替代性意味着物流服务商能够共享资源，提高各自的业务水平。在物流经营活动中，集群企业不仅可以共享集群的基础设施，而且可以互换和共享集群企业投资和拥有的仓储、分拣、加工、装卸及车辆等设施，甚至可以共享信息、知识、金融乃至人力资源，从而更好地降低经营成本，提高交易能力和经营水平。为了适应不同时间、不同行业货运量的起伏变化，实体资源共享变得较为普遍。例如，一个仓库暂时爆满，而另一个仓库有空闲空间可以租用。这时，第一个仓库的运营商可以把多出的部分货物转移到附近第二个运营商的仓库。类似地，人力资源的共享提高了物流经营活动的运作效率。如 excle 公司经常共用工人，为此他们设计了在线软件包，使共享过程自动化并方便操作。此外，当市场上出现不合格的产品时，公司需要对产品进行召回。良好的召回作业可以把品牌的损失降到最小，有时反而会提升品牌的形象。一个物流园的资源不仅要满足产品召回的需要，还要满足多种应急响应的需要。如果运营商事前与供应链解决方案集团签订配送合同，即使突然发生停电和机场停运事故，也有应急公司协助发出订单。

（四）发展多元增值服务是延伸物流枢纽价值链的重要途径

随着物流集群的不断扩大和发展，市场需求的层次会不断升级，内容会持续丰富，这将为集群拓展更高价值、更多元的服务创造巨大市场空间。随着物流企业服务范围不断拓展，供应链将持续延展和升级。

一方面，枢纽提供装配、展示、促销、定制等多元化增值服务是稳定供应链的重要途径。由于产品需求的大幅度变化、产品生命周期的缩短等因素的影响，供应链变得越来越不稳定，因此需要在发货前对产品进行差异化定制，即后期差异化策略。因为无差别的产品数量能够分散需求风险，所以后期差异化策略能够降低库存成本，同时在配送中心维持一个高服务水平的库存量。此外，配送中心通常支持零售业务，零售商对产品进行配装、促销和展示服务。例如，雄鹿公司生产美国零售商销售的高档鞋类，UPS 供应链解决方案集团和雄鹿公司合作，雄鹿公司从亚洲和巴西给UPS 配送中心运送大量制成品。当零售连锁店订货时，UPS 再给鞋子添加条形码、价格标签、编码等。在供应链的增值服务中，后期定制服务更为重要。因为国别差异，惠普公司的打印机的配置要满足不同国家的需求。为了提高供应链的可靠性，又不增加零售商的库存持有成本，惠普公司把通用的打印机发送到位于荷兰的欧洲配送中心，荷兰配送中心的工作人员根据目的国的要求迅速配置好打印机，这样的后期定制作业使惠普的库存减少了 18%，供货成本消减了 25%。

另一方面，发展维修、保养服务等服务于物流集群的子业态发展是不断夯实枢纽物流服务能力的重要办法。虽然紧急修理在任何地方都可能发生，但运输公司仍把各种维修和保养服务安排在运输工具抵达相对方便的地点来进行。就像美国全球运动汽车竞赛协会的赛道修理站一样，承运人希望运输工具在尽可能短的时间内进出站，最大化营业时间。此外，物流集群也支持产业内形成的子集群发展，这能进一步增强枢纽物流的服务能力。鹿特丹中南部的不列颠港区形象说明了群中群的发展。不列颠港是鹿特丹汽车中心的子集群中心，每年在鹿特丹上岸的30万辆汽车中，80%在这里进行针对特定国家的销售准备工作，这种增值活动包括技术改装、发货前检查、车损检查、打蜡等。孟菲斯是重要的生物医药集群，它之所以成为这样的集群，是因为它首先是一个物流集群，物流集群创造了生物医药行业所需要的交货时效优势，进而发展成了医药健康产品集群。物流集群除了孵化新的物流公司外，也支持集群内新兴企业的发展，就像孟菲斯生物医学集群中的外科整形植入物和医学仪器领域的活动。因此，物流集群中包装、加工、定制、配送、维修等增值活动，是延伸物流枢纽价值链的重要途径，为客户提供了更为全面、多元化的物流和供应链服务。

（五）加强教育研发投入和鼓励知识交流是物流枢纽持续创新能力的源泉

人力资源是物流枢纽发展的必要条件，物流业提供了从初级的配送员、操作工到中层的经理、工程师再到高管等多种职位，需要多层次、丰富的人力资源保障。特别是随着物流业自动化、信息化、智能化水平的不断提高，物流枢纽的发展更需要具有专业技能或较高知识水平的人力资源，具体体现在以下四个方面。

第一，通过发展职业教育提高人力资源素质和工作效率。物流枢纽的发展需要职业教育来培训工人，这些职业教育培训内容包括物料搬运、运输作业和维护运输工具等。如今大多数国家都建立了物流培训机构和职业教育项目。例如，德州联盟物流园为了提高低技能工人的收入潜力，增加德州联盟的劳动力供给，园区开发商聘请社区学院，在园区内创建培训中心。并且逐步扩展培训计划，培训中心与高中学校合作，高中毕业后不去上大学的学生，可直接进入仓库工作；新加坡港务集团（PSA）每年都有 1.1 万名在校学生，学习设备操作、港口管理、安全和物流等课程；荷兰鹿特丹的舍普瓦特运输学院提供基本港口作业专业证书教育；美国劳工部、美国国家科学基金会提供资金在孟菲斯开展高中物流课程、物流资质证书课程和大专文凭课程。政府通过建立物流培训机构和职业教育项目，能够提高劳动者的素质和工作技能，从而促进劳动生产率的提高。

第二，通过发展专业教育和加大研发投入，提升枢纽创新能力。对于物流专业人员、经理和高管的专业管理知识培训主要包括先进的仓储管理和流程控制、运输、采购、配送、供应商管理、信息技术等相关学科知识。物流集聚中的企业和大学之间的合作，创建了物流知识创新的互动机制，提升了枢纽的创新能力。例如，新加坡为了增加海事毕业生的供应，在 2002 年建立 8000 万新元的海事集群基金。并且用海事集群基金的一部分资金创建海商法研究生项目，港口管理局和新加坡国立大学合作开设新课程；UPS 雇用 4700 名工程师、4342 名信息技术专家来设计和优化业务，每年在信息和通信技术上的花费超过 10 亿美元；萨拉戈萨物流中心（ZLC）自 2008 年以来，开办了物流研究院，邀请世界各地优秀的物流学者和博士生参与集中研究项目。

第三，重视加强教育设施投入和与教育机构合作。为了满足物流运营和发展的需要，许多物流集团设立了大学和研究生院，主要面向高素质管理人员和专注于物流研究和知识传播的本硕博教育。此外，一些领先的物流园区还通过与国际性机构建立合作关系，提升自身的专业能力。例如，在肯塔基州，UPS 和当地的大学合作创办了城市学院

（Metropolitan College），为兼职夜班工人提供免费的大学教育；萨拉戈萨PLAZA 物流公司提供国际化的硕士和博士学位以及西班牙语学位，以提升当地的劳动力技能；德克萨斯州的拉马尔理工学院（LIT）将教育、就业和招聘三者结合起来，除了提供各种教育机会，欧盟机会中心还建立了雇主、工人和社区的联系纽带，提供集中的就业选配服务；荷兰为了应对物流开发的新技术和流程，促进国家物流效率的提高，设立了荷兰先进物流研究所（Dinalog），其是一种融合私营机构、政府机构和学术部门的研究场所。

第四，通过鼓励枢纽内部、枢纽与枢纽之间人员交流加强知识传播。正规的教育和培训不是枢纽之间传播知识的唯一渠道，隐形的知识交流也不容忽视。在物流园中，隐形的知识交流通常是指不同企业的员工互相参观对方的基础设施，通过学习效应吸纳对方的优点，从而为己所用。除此之外，物流专业人才的流动是促进知识传播的有效途径。物流专业人才流动一般发生在物流企业之间、物流企业与物流需求企业之间及物流企业与其他服务机构之间。通过物流专业人才的流动为企业带来了新的思想、知识、诀窍和技能，从而促进了企业知识基础的更新和增强。从集群层面看，人才流动驱动了集群整体经营效率的提升。佛罗伦萨的成功说明，劳动力组织和培训促进了知识共享，提高了生产力，从而激励了经济集群的发展。各国还通过鼓励熟练工人和管理人员移民，直接进口知识和教育。例如，巴拿马利用个人所得税优惠政策吸引主管级别的外国人在此地工作；新加坡政府实施外来人才政策，鼓励从国外引进人才。许多集群还利用进修会、研讨会、会议等活动，让潜在的交易伙伴提供贸易和物流知识，以促进贸易的持续增长。例如，洛杉矶创建"贸易合作投资"专题讲座，以增加中小企业出口的机会。

05 商产融结合：日本综合商社对我国大宗商品供应链发展的启示[一]

日本综合商社与上下游实体企业、金融机构形成"商产融"利益共同体，通过上控资源，中联制造，外保物流，下衔市场，提供金融及决策服务，转型为全球大宗商品供应链"链主"，为日本国内资源能源保供稳价及经济发展做出了重要贡献，其经验做法值得借鉴。

一、综合商社在日本及全球大宗商品供应链中处于"链主"地位

规模庞大，国际竞争力全球领先。世界 500 强企业中，前 10 强流通企业中有 5 强为日本综合商社。综合商社贸易额占日本对外出口总额的 43%，进口总额的 62%，经济规模占日本 GDP 的 31%，对日本经济发挥着重要支撑作用。

日本资源能源供应的稳定来源。日本综合商社充分发挥国际贸易功能，在世界范围内为日本经济发展配置资源。以 2020 年日本铁矿石为例，进口总额为 9940 万吨，其中从澳大利亚和巴西共进口铁矿石 8460 万吨，占比 85%。仅三井物产，2020 年在澳大利亚和巴西铁矿石权益产量总计达 5780 万吨，占日本从两国进口铁矿石的 68%，占日本总进口量的 58%。

一 写于 2022 年 4 月。

73

专业物流运力保大宗商品国际物流畅通。日本综合商社建立了专业化、高附加值的大宗商品运输体系。日本综合商社控制的干散货船舶数量及运力规模分别位居世界第 1 位和第 3 位，运力规模占比为 10.5%和 7.9%。综合商社物流运力在降低日本大宗商品运输成本及运输风险、保障资源能源运输畅通之外，还承接全球大宗商品运输业务，成为全球航运市场的重要力量。

协同供应链上下游应对价格波动风险。日本综合商社通过构建供应链上下游利益共同体，采取差异化协调机制提高供应链整体应对价格波动的能力。在上游资源环节，综合商社既是卖方又是买方，对价格形成具有影响力；在下游批发销售环节，通过贸易活动在供应链内进行价格成本的合理分配。以铁矿石为例，日本综合商社同时参股海外矿山和国内钢铁企业，当铁矿石涨价时，钢铁企业采购成本较高，综合商社利用上游投资收益对钢铁企业进行让利，弥补铁矿石涨价带来的采购成本。

二、日本综合商社通过上控资源、中联制造、外保物流及提供金融信息综合服务，转型为大宗商品供应链"链主"

（一）小比例参股获得"商权"实现上控资源

日本综合商社通过小比例参股上游矿山及资源企业，获得"商权"实现资源控制。综合商社矿山持股比例往往低于10%，目的是获得相应权益矿产的包销权。小比例参股模式中，综合商社注重理顺内外部利益相关方关系来降低风险，实现效益最大化。对外采取"隔断"机制，投资但不参与和干涉企业经营及价格决策，保证资源企业运营自主权，规避来自资源地的民族主义冲突风险。对内与日本制造企业形成利益共同体，由制造业企业主导项目投资，进行产量及价格谈判，综合商社主要提供项目融资，同时获得矿产开采设备及技术支持相关业务合同。

（二）提供综合服务实现中联制造

全方位的供应链增值服务为综合商社深度嵌入现代供应链提供了重要价值基础。日本综合商社通过参股形式获得制造企业原材料进口代理和产成品销售相关"商权"，提供进出口事务代理、采购、销售、运输、仓储加工、事业投资以及经营咨询等各类综合型增值服务。

（三）增强物流运力，提高物流服务保障能力

综合商社注重增强大宗商品专业化物流服务能力建设，为日本大宗商品贸易进口提供稳定的运力保障。综合商社高度重视对资源矿产区公路、铁路、港口、仓储等基础设施建设，打通资源到出海港口的主要通道。大规模配置干散货船、汽车滚装船、LNG 船、油轮等专用船舶，形成具有国际竞争力的运力规模。据克拉克森统计，2021 年由日本综合商社控制的干散货船舶数量及运力规模居世界首位，运力规模占世界的10.5%，油轮数量及运力规模位居世界第三，运力占比为 7.9%。

（四）通过供应链金融提高资金周转效率

日本综合商社针对供应链中不同环节和不同类型的企业，提供多样化融资服务。综合商社 90%的授信对象为中小企业，80%的供应链资金用于中小企业。综合商社提供赊购、赊销、票据的支付和接收、延期付款信用等企业间贸易信用，为买卖双方提供信用往来业务。以三菱商事为例，2020 年、2021 年为上下游提供的贸易信用分别达到了 3.2 万亿日元和 3.3 万亿日元，均超过了其总资产的 18%，针对上游资源型企业通过参股、共同项目融资、直接授信方式提供资金支持。综合商社的供应链金融以向上下游伙伴提供低成本资金、增强供应链韧性为首要目标，以

防止供应链资金断链风险，供应链金融本身并不作为综合商社的收益性业务。

（五）打造强大的信息系统，提供商业咨询服务

强大的信息系统和咨询服务能力是日本综合商社成为供应链"链主"的必要条件之一。综合商社的分支机构遍布世界，早在 21 世纪初，最大的六家综合商社就在全球 187 个城市设有 800 多家分支机构，向海外派出 1.6 万余人，可广泛收集各地政治、经济、文化等信息。综合商社大力投资通信基础设施建设，保障信息收集分析和传递。例如，三井物产建有"三井物产全球通信网"，在东京、纽约、伦敦、悉尼和巴林建有 5 个电脑控制中心，在国内主要城市建立信息网，信息中心达 12.5 万平方米，由人造卫星高效连接海内外机构，提高信息管理效率。日本综合商社也十分注重内部员工信息收集分析能力培训，聘请海外熟悉本地情况的人才，打造专业的信息人才队伍，提供高质量的商业咨询服务。

三、打造中国大宗商品供应链"链主"的建议

日本综合商社的经验表明，促进大型跨国流通企业转型，培育具有国际竞争力的供应链"链主"，是日本确保经济稳定运行、提升国际竞争优势、增强对全球大宗商品资源配置能力的有效途径，对当前我国做好初级产品保供稳价、提高全球大宗商品供应链竞争力具有启示和借鉴意义。

（一）以"做强"大型国际流通企业为导向，培育大宗商品供应链"链主"

日本综合商社是具有国际竞争力的跨国贸易企业转型为大宗商品供应链"链主"。与综合商社相比，我国大型流通企业国际竞争力不强，表

现在上下游企业联系不紧密、综合服务能力不足、资源掌控能力薄弱。为此，我国迫切需要以大型流通企业、贸易企业为主体，加快培育和打造具有国际竞争力的大宗商品供应链"链主"。一方面，要进一步"做大"，提高大型流通产业的规模化和集中度，通过参股、相互持股、战略重组及合作等方式，促进资源向优势企业集中，加快培育大型国际化流通企业集团；另一方面，要"强能"，关键是增强我国流通企业对全球大宗商品配置的"商权"和对供应链全方位增值服务能力，成为具有强大资源保障能力和供应链服务能力的供应链核心企业。

（二）创新海外投资方式增强海外资源获取能力

日本综合商社以获取"商权"为目标，以分散投资、小比例参股的形式，与日本制造企业一同开展对外投资，降低投资风险。近年来，我国加快"走出去"步伐，中资企业在海外资源开发和投资中有不少进展，但也面临复杂的风险挑战。因此，可借鉴日本综合商社的经验，鼓励和支持大型流通企业与其他中资企业一道走出去，通过一定比例的参股或与国内外企业共同参与资源项目投资，实现与上游资源企业、矿山企业合作，获得长期稳定的权益矿销售权和资源采购权利，并借助国际矿业巨头和当地矿业公司规避并购与经营风险。

（三）以"畅通"物流为途径，提升大宗商品物流服务保障能力

日本综合商社通过投资物流基础设施和专业化运力，不仅提高了物流保证能力，而且成为其参与全球竞争的新优势，为我国推进"国货国运"战略提供了借鉴。目前，我国大宗商品运力资源全球领先，但物流企业与大宗商品供应链上下游企业联系不紧密，缺乏协调联动的机制和专业化的物流服务能力。为此，一是要加强我国大型海运企业

与大宗商品供应链上下游企业的联系和合作，以资本、长协等为纽带，促进其融入大宗商品供应链。二是要进一步完善运费定价机制，使提供网络企业与供应链上下游企业共同应对运价波动风险，实现利益共享和风险共担。三是加强与资源地的国际合作，积极推进港口及疏港交通基础设施建设和维护，打通矿产资源出海的首要通道，降低运输成本，提高资源运输和出海效率。

（四）以增强"黏性"为导向，加强供应链金融创新，促进大宗商品供应链资金流循环畅通

日本综合商社具有完善的供应链金融服务功能，不仅可以精准地为供应链上下游企业提供运营资金的支持，也有效地促进了上下游企业之间的密切联系，成为日本大宗商品供应链中重要的"黏合剂"。为此，一是要高度重视和支持大宗商品领域的金融创新和加大金融政策的支持力度，实现以融强链。二是要促进金融机构深度参与大宗商品供应链合作，探索打造"商产融"大宗商品利益共同体，提高产业与金融之间的连通性和透明性，为大宗商品供应链注入稳定的金融资源支持。三是给予大宗商品供应链企业金融政策支持，包括扩大授信额度、加快供应链金融创新等，为大宗商品供应链上下游企业提供精准、多样的供应链金融服务。

（五）以"数字化"转型为契机，提高大宗商品供应链的快速市场响应能力和决策水平

日本综合商社发达的信息系统和服务能力，是日本大宗商品上下游企业共同实现稳定经营、快速有效应对市场变化和风险挑战、不断提高国际竞争力的重要支撑。为此，我们要以数字化转型为契机，加快推进我国大宗商品供应链信息服务能力建设。一是要重视在全球范围收集市

场信息，特别是关于资源地政治、经济、社会文化发展以及全球大宗商品供需信息，加强对全球市场发展动向进行分析和研判。二是要以大宗商品供应链企业为核心，搭建大宗商品产业互联网平台，整合上下游各主体以及物流、港口、航运、仓储等信息，提高信息集成度，实现更高水平的信息共享。三是注重大宗商品专业智库建设，为提高大宗商品供应链快速响应能力和决策水平提供专业支撑。

06 全球影响：培育具有国际竞争力的现代物流企业

改革开放特别是党的十八大以来，党中央、国务院高度重视并大力推动流通发展，我国流通体系建设取得显著成效。党和国家领导人重视现代物流发展，多次提出要"培育具有国际竞争力的现代物流企业"。这对于共建"一带一路"贸易大通道，提高资源配置效率，提升产业链供应链韧性，更好联通国内国际市场具有重要意义。

一、现代物流企业国际竞争力表现的六个方面

世界经济论坛（WEF）和瑞士洛桑国际管理发展研究院（IMD）认为，国际竞争力是指一国或一公司在国际市场上均衡地生产出比其竞争对手更多财富的能力。综合国际国内相关研究成果，现代物流企业国际竞争力可从六个方面刻画，分别是：经营情况、设施设备、业务范围、运输组织、专业化服务和信息化水平。具体指标体系如表 2-8 所示。

表 2-8　现代物流企业国际竞争力的指标体系

	品牌全球影响力
经营情况	物流经营收入
	国际市场份额
	物流成本率

（续）

经营情况	资产总额
	资产负债率
	全球员工人数及构成
设施设备	信息化设备质量
	信息化设备数量
	仓储设备质量
	仓储设备数量
	运输设备的质量
	运输设备的数量
	其他设备质量（如装卸搬运设备等）
	其他设备数量（如装卸搬运设备等）
业务范围	全球运营网点数量
	覆盖国家范围
	与客户的战略联盟情况
	物流外包规模
运输组织	全球运输网络覆盖率
	全球运输时效
	国际服务质量认证
	多式联运开展情况
专业化服务	其他供应链服务业务的规模
	保险服务规模
	金融服务规模
信息化水平	拥有先进的全球物流管理平台
	拥有先进的全球供应链管理平台
	物流业务中的电子单证率
	智能物流技术在业务中的覆盖率

　　我们建立了现代物流企业国际竞争力评价体系，并邀请业内企业、政府、研究机构等多领域专家共 56 人进行访谈调研，对具体指标进行打分，结果如图 2-3 所示。

　　一是企业经营情况是物流企业发展的基础，其中品牌全球影响力、物流经营收入、国际市场份额三个二级指标所占权重较高。 企业品牌是"走出去"的名片和无形资产，具备国际化的品牌、被国际客户认可是现代物流企业区别传统物流的重要标志。经营国际物流品牌、提高物流经营收入并扩大企业的国际市场份额，对现代物流企业能力提升及保持国际竞争力有着重要作用。

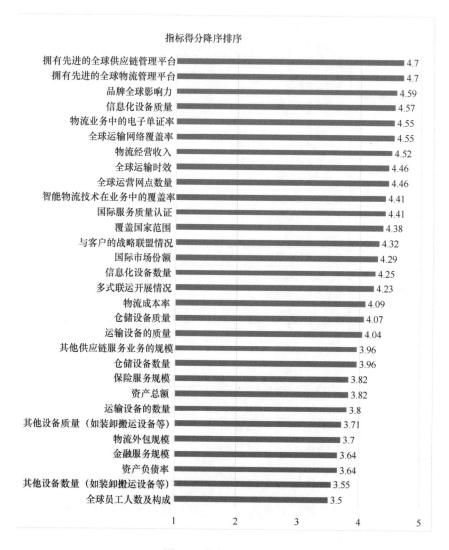

图 2-3　指标重要性得分

二是设施设备水平是物流企业提升作业效率的基础。其中，信息化设备的数量及质量所占的权重最高。随着信息化、互联网的快速发展，科技发展智能化对于国际物流企业提高作业效率越来越重要。跟传统物流相比，现代物流作业流程环节错综复杂、信息量激增、不确定性因素增多。因此，装备较高数量与质量的信息化设备是现代物流企业提升国际竞争力的必要举措。

三是现代物流企业具有国际化竞争力，就会拥有国际化的经营规模，直接反映在货物吞吐量及业务覆盖范围上。其中，全球网点数量所占权重最高，覆盖国家范围权重排第二。国际物流经营规模为现代物流企业的国际竞争力提供保障。

四是现代物流企业在国际市场具有更强的竞争力，不仅货物运输规模要达到一定程度，还要满足国际运输不同的运输需求，最大限度地打破国际运输面临的各种限制，降低其国际物流运输成本。其中，全球运输网络覆盖率在二级指标中权重最高。全球运输时效也对物流国际竞争力有重要影响，跨境物流环节多、周期长。因此，快速、安全、及时、准确的运输在激烈的市场竞争中具有优势。

五是专业化服务代表现代物流企业提供国际化高端增值服务的能力。其中，供应链服务业务规模所占比重最大，物流企业加快延伸服务链条，提供供应链增值服务，实现向供应链一体化服务商转型，将为现代物流企业发展提供重要的国际竞争优势。

六是信息化水平是评价现代物流企业实现全链条高效、及时、精准服务的核心。当前，随着全球信息化、网络化的发展，在人工智能、区块链等先进技术的加持下，物流行业正在经历一场智慧化、信息化、自动化的变革。拥有先进的全球物流管理平台、全球供应链管理平台、电子单证、智能物流技术已成为现代物流企业锻造国际竞争力"长板"的关键。

二、具备国际竞争力的现代物流企业发展经验借鉴

笔者通过指标体系挑选出 30 家世界领先的现代物流企业，并将其细

分为航运类、空运类、陆运类、网络货运类以及综合物流与供应链服务类企业（见表 2-9）。针对每一类别的企业，分别从发展路径、全球服务能力等方面总结企业发展经验与模式，以期为我国相关物流企业未来发展提供借鉴与指导。

表 2-9　国际领先物流企业

公 司 类 别	公 司 名 称	所 属 国 家
航运类企业	马士基航运	丹麦
	地中海航运	瑞士
	达飞海运	法国
	长荣海运	中国
	赫伯罗特	德国
	美国总统班轮	新加坡
	日本三井	日本
	日本邮船	日本
	中国香港东方海外	中国
空运类企业	DHL	德国
	UPS	美国
	Fedex	美国
	日本邮政	日本
	顺丰国际	中国
	法国邮政	法国
	意大利邮政	意大利
	德航汉莎货运	德国
陆运类企业	德国国有铁路公司	德国
	日本大和运输公司	日本
	美国施奈德物流	美国
	普洛斯	美国
	SNCF	法国
网络货运类企业	罗宾逊公司	美国
	DSV	丹麦
综合物流与供应链服务类企业	瑞士德讯	瑞士
	法国捷富凯物流	法国
	泛亚班拿	瑞士

（一）航运企业的发展经验和主要模式

1. 发展路径

9 家世界领先的航运企业几乎均拥有上百年航船经验，特别是地中海航运公司拥有近 350 年发展历史。但在成立之初，多数航运公司仅有一条货船和一条航线，而后凭借家族历史声誉或社会便利条件（例如第一次世界大战、社会对集装箱运输业的需要等）拓展业务模式与业务范围。在具备一定业务规模后，这些公司一方面着手组建更庞大的船只队伍，以此谋求更大的业务板图；另一方面也通过收购（如达飞海运集团收购达贸轮船、安达西非航运等）、兼并（如新加坡 NOL 与美国 APL）、合作（如中国香港东方海外与赫伯罗特航运、日本邮船、铁行渣华航运、马来西亚国际航运组成大联盟）等方式扩大营运范围或提升企业市场影响力。

从业务拓展方式来看，收购是各公司拓展业务的主要方式，收购的公司类型集中于集装箱运输、集装箱制造或拥有海外市场航线的公司。从业务发展方向来看，9 家公司注重横向业务的发展，包括集装箱制造与运输、供应链过程一体化、数字化转型，以及向绿色环保、减碳减排方面转型。首先是集装箱的制造与运输业务，其代表了运输体量。其次是各公司正在努力打造供应链全过程的一体化服务。通过多方的信息连通，建立新模式下的产业价值网络连接，以创造更多的附加价值。数字化转型也是各企业转型的重要方向，通过数字化手段获取更多的市场信息，升级业务能力。此外，部分公司顺应时代趋势，追求更加环保、高效的运输方式。

在收购方面，以日本三井为例，其通过收购扩大了运营范围。其在收购东京海事后，合并 Navix Line 组成了现在的商船三井，而后收购丹麦航运公司将业务拓展至丹麦。其在收购了化学品油轮运营商 Tokyo Marine 的股份后，能源运输业务也得以提升。在合作方面，各企业或与大型运输公司组建商业联盟，或与其他相同相关业务公司展开业务互补合作。例如，中国香港东方海外公司，其与新世界联盟组成新的“G6 联盟”，后来再次组成海洋联盟。由此，战略合作范围进一步扩大。此外，地方代理处建设也是公司拓展业务的重要手段。例如，马士基航运与地中海航运公司在世界各地拥有 300 余家代理处，所以不仅在全球各地具有知名度，也由此吸纳了更多客户资源。

2. 全球服务能力

从拥有船只的数量方面来看，全球先进的航运物流公司约有 150～560 余艘货船。尽管货船承载体量不一，但从每年的标准箱运输数量来看，至少达到 85 万箱。从公司对接不同国家的数量来看，相关公司涉及 80～150 个国家的航运路线。其中，经营范围最广泛的是达飞海运，其在 150 个国家中设立了 650 家分公司和办事机构。从航运经停的港口数量来看，地中海航运公司经停港口最多，拥有 200 条航运线路上的 500 个港口，多数公司拥有 240 个以上港口的货运权。

在航运类企业中，各公司均有企业内部能力提升与针对区域国家服务能力提升的措施。在企业内部能力提升方面，一方面，几乎全部公司都通过数字化转型来提升数据搜索、数据集成的能力。例如，由 IBM 和马士基共同开发的 TradeLens 数字平台得到了行业的认可，多数公司都加入该平台。TradeLens 成员使用该平台在生态系统内建立联系，根据权限共享航运所需的信息，以此确保更全面、更及时和更一致地分享公司在世界各地的集装箱货运物流数据。各公司能够接近实时地访问数据源中的数据，大幅提高了公司的信息质量。另一方面，部分公司也在提高服务的专业性。例如，中国香港东方海外公司创造性地开发服务产品，在冷链物流、危险品物流、特大商品及游艇运输、逆向物流等专业物流方面进行服务创新和产品开发。

在区域国家服务能力提升方面，航运类企业通过不同国家间的业务连接与跨行业合作，提高公司在全球的影响力与服务力。从各公司在多个国家地区的连接与合作方面来看，其战略具有一定的地域特征。例如，改善塞维利亚和大西洋之间的货物运输，通过新的圣淘沙服务支持东南亚和美国西海岸之间的贸易，提供东地中海和印度之间的"IMED"服务，增强乌克兰货运服务等。此外，各公司注重与多个国家地区展开多个行业的合作。例如，与气候解决方案社会企业（South Pole）合作扩大 MSC 碳中和的计划、MSC 与中国重点研究机构展开脱碳合作、赞助Cool Logistics Global 等。

（二）空运企业的发展经验

各空运类企业的发展历程可以归纳为：重资产入局→国际业务范围拓展→业务模块拓展。20 世纪以后，各地方的传统物流公司使用大量资产投入货机等基础设施建设，开启空运物流的新模式。起初的目的是补充市场空运物流的短缺或是提高政府物流的运营效率。在本国物流市场饱和后，公司利用空运物流速度快、限制低等优势布局全球物流网络。通过收购与合作等渠道，各公司在市场中争取到发展所需要的航线、机队资源，并由此在全球空运市场中扎根。在具备稳定的航线、客源后，各公司也开始拓展业务模块，提供更多差异化服务来寻求超额收益。例如，通过收购不同类型的运输公司，FedEx 衍生出了众多种类的业务，包括区域小包裹、供应链等。随着电子商务的兴起，FedEx 开始与电商平台合作，依托其遍布全球的空运网络，提供诸如国际货代等更加多元化的新型服务。

从业务内容的转型方面来看，早期的服务内容除了包裹的递送，还包括如每日自动收件来电、自动退回无法递送货物与简化每周结账文件等。在 2000 年左右，多数公司继续拓展业务范围，不仅提供配送端的高质量物流服务，还延伸至价值链前端的产、供、销、配等环节，从单一的快递业务向综合物流、供应链全过程管理方向转型。

以电子信息货运为主的数字化转型也是空运企业的重要发展方向。在综合物流、供应链过程管理的业务方向中，掌握数据信息的能力十分必要。因此，各个公司开始建设数字基础设施和远程接触点、第三方的物理网络，以此集成客户需求信息，为客户提供更具效率、透明化、个性化的服务。同时，在数字化的辅助下，公司利用远程信息优化配送线路，运用机器人（无人驾驶运输车、拣货机器人等）来减少局内工作的人员和空间，这使得企业整体人员、机组配置效率大幅提升。

在收购方面，以 FedEx 为例，其以孟菲斯国际枢纽中心为起点，用收购的方式在全球建设轴辐式网络。2006～2019 年，FedEx 先后收购了 12 家来自英国、中国、波兰等多个国家的快递物流公司，承接了当地的市场业务。DHL 公司则是通过联盟合作方式拓展业务的代表，自 1986 年开始，DHL 便先后与中国外运集团、德航、日本航空、日商岩井、EMC 等多个国家的物流公司签署策略联盟合约。此外，值得一提的是，汉莎货运更加注重既有客户资源。通过锁定已有的老客户，推出新产品，在使其老客户适应新产品的同时开拓新的目标客户。

专业产品物流、航运设备制造以及跨境电商业务是航空物流企业市场业务拓展的三大方向。在专业产品方面，不断打破专业壁垒，进入高货值、高利润率市场（如特种物流、高价值物流、医药物流等）。例如 UPS 公司，其在众多空运企业中率先实现多元化，进入高科技零部件物流、高值货物物流和医药冷运等差异化赛道，并延伸供应链上下游，搭建全方位一体化的供应链物流服务能力。在航运设备制造方面，汉莎货运追求成为全球最具可持续性的货运航空公司。因此，该公司注重在先进机组制造技术和在可持续发展领域的持续投资。在2021年引入完全二氧化碳中性的货运，2022年汉莎航空货运再次制定了战略计划，未来将为其机队配备鲨鱼皮技术，并扩大其可持续航空燃料的投资，以进一步减少二氧化碳排放。此外，空运企业的全球航线辐射能力为其拓展跨境电商业务奠定了基础。以日本邮政、法国邮政为代表的公司均开展了相关业务，将电商业务的发展重点定位于新加坡和越南等亚洲地区。

（三）陆运企业的发展经验

公路运输和铁路运输是陆运类企业的主要业务。在陆运的基础上，SNCF、德国联邦铁路股份公司、美国施奈德物流公司也提供了多式联运业务，涉及海运、空运等多种方式。值得一提的是日本大和运输公司，其将业务定位于小范围的住户居民快递、搬家服务、美术品、特殊用品等运输业务。

1. 发展路径

数字化转型与专业化特殊产品物流转型是陆运企业的重要转型方向。在数字化转型方面，美国施奈德物流公司的成绩十分突出。自1976年施奈德便开发了数字化程序管理卡车货运网络，并以此解决驾驶员与负载匹配问题。该公司还与甲骨文等软件企业合作制定研发IT基础设施。

向专业化特殊产品物流转型也是陆运企业的业务发展趋势。以德国联邦铁路股份公司为例，其拥有独立的能源公司，不仅为德国铁路的牵引供电和固定设施供电提供所有典型能源产品（供电、柴油、燃气和热供应等），也为整个德国境内的工业客户提供范围广泛的电力和燃气产品。

收购优质公司与其他企业展开合作是陆运类企业市场拓展的主要方式。一方面，陆运企业收购别国市场企业，拓宽营运范围。例如，德国联邦铁路股份公司，其在 2002 年获得 Stinnes 公司大部分股权。通过 Stinnes 公司，德国联邦铁路股份公司获得了新加坡、泰国、印度等市场的业务，并在这些地区建立了物流中心。

另一方面，与其他企业展开合作也是扩大业务范围的重要方式。以日本大和运输公司为例，其与美国 UPS 合作，建立了国际快递网络。凭借 UPS 在世界 175 个国家和地区的配送网，日本大和运输公司将这些国家和地区全部列入自己的服务区域。

陆运企业以本土市场为基向全球市场拓宽，多数企业的标的市场在欧洲（法国、英国、德国等）、亚洲（中国、日本、印度、泰国等）、北美洲（美国、加拿大等）。从行业板块的角度来看，陆运企业均未涉猎物流货运板块以外的市场。多数企业仅关注货运市场上下游业务，如美国施奈德物流公司从卡车运输向航空、汽车服务零件运营与港口服务方向发展。

2. 全球服务能力

私有化改革、数字化与智能化发展以及向供应链全过程发展是企业内部服务能力提升的三个方向。其中，从国有化向私有化改革是 SNCF 与德国联邦铁路股份公司在早期的措施，其全面提升了公司应对市场变化的能力，企业的业务服务质量、服务效率大幅提升。数字化与智能化发展是各陆运类企业均有涉猎的方面，IT 平台、运输过程优化的应用程序、监控软件等都是陆运类企业的重要成果。陆运企业相继拓展了物流软件解决方案和咨询服务、供应链库存管理服务。数字化业务也使用户在存取、交换、查询各地的电子单据更方便快捷。除上述两个方面，以普洛斯为代表的陆运企业也开始向供应链全过程发展，特别是以"从田间到餐桌"为目标，提升餐饮供应链过程效率和食材安全，并且助力农业、钢铁和纺织等民生产业发展。

在区域国家服务能力提升方面，德国联邦铁路股份公司在挪威 Ikornnes 码头和奥勒松港之间增加一条零排放的沿海集装箱支线，并且开设连接北京、上海、郑州、香港至芝加哥和法兰克福等地的包机业务。美国施奈德物流在北美（美国、加拿大、墨西哥）提供门到门的公铁联运服务。普洛斯注重改善北美、欧洲和亚洲物流配送设施网络，并且在中国大力发展太阳能、风能、储能以及充换电基础设施。

（四）网络货运平台企业的发展经验

网络货运企业的主要业务是提供货物运输管理方案（包括空运、海运、铁路运输、公路运输、特殊货物运输等）、供应链问题解决方案，以及解决实际业务中的各种问题。以轻资产入局，提供物流运输过程中的解决方案，是网络货运企业的主要经营模式。其利用企业拥有的信息系统整合托运人的货物和承运人运力，并且通过运费差价和其他增值服务实现盈利。

1. 发展路径

早期的网络货运企业均以传统的货物运输方式为主，继而通过大规模收购综合物流公司向多式联运业务发展。与此同时，公司将数字技术框架引进业务模式中，使得信息技术与传统货运业务相融合，随后逐步抛弃传统货运业务。

一方面，早期的网络货运企业从事传统的卡车、铁路运输业务，在加强信息化建设后，相继出售了大部分货运业务资产，转型为轻资产的网络货运。另一方面，网络货运企业在发展历程中不断收购综合物流公司，逐步从物流业务转向供应链管理业务。

收购是网络货运企业的主要市场拓展方式。例如 DSV 公司，其在 1997 年收购了 Samson Transport 公司，借此公司的运输和物流活动翻了两番；2006 年，DSV 收购了 Koninklijke Frans Maas Groep NV，由此成为全欧洲第三大拥有自己陆路运输业务的运输公司。

2. 全球服务能力

罗宾逊公司和 DSV 公司均通过提升信息化水平来提高企业内部的业务能力。公司通过建立信息化平台，一方面，借助互联网与大数据稳步实现数据集成、信息互通。另一方面，通过信息化数据提升业务响应能力、服务水平。目前，两家公司仍在不断加大信息化技术的资本投入，将之作为网络货运企业继续发展的重要推力。

在区域国家服务能力的提升方面，两家公司以欧洲、拉丁美洲、北美洲和非洲等国家的市场为标的，针对不同国家加强多式联运、货运代理等方面的服务。例如，罗宾逊公司在北美拓展多式联运业务，DSV 公司在欧洲和美洲注重提升自身的运输能力等。

（五）综合物流与供应链服务企业的发展经验

综合物流与供应链服务企业的主营业务较为多元化，既有物流运输（包括海运、空运、陆运等方式）、综合物流服务、供应链管理方案制定等物流相关业务，也有货物跟踪、在线预订、清关、商业保险等增值业务。

1. 发展路径

综合物流与供应链服务公司在创立期多从事传统的物流运输相关业务或贸易业务等。例如，瑞士德迅从事海运，德国信可注重空运，日本通运致力于仓库存储，中国香港利丰定位于日用品、旅游产品的贸易等。经过多年的积累，业务具备一定规模与稳定性，随后启动收购与合作战略，不断拓展运输路线和运输方式，进一步完善全球供应链网络。与此同时，综合物流与供应链服务公司也建立了负责不同业务的子公司。子公司之间相互依赖，以此支持业务全面开展。以中国香港利丰集团为例，其相继成立了利丰物流有限公司、利丰（零售）公司、利和集团、利邦时装有限公司、利越时装有限公司、利丰贸易有限公司等。

首先，由传统运输公司向全球性的综合物流与供应链服务公司转型是这类公司的首要特征。各企业在物流业务的基础上，拓展上下游业务，包括仓储、配送、销售等。其次，从单一货运方式向多元化货运方式转型也是综合物流与供应链服务公司的重要方向。例如，泛亚班拿公司从单一的海运增加到海运、航运两种方式。最后，部分企业从单一行业板块向多行业板块转型。例如，捷富凯公司从聚焦于汽车物流服务拓展到航空航天、汽车、快消零售、两轮车、电子产品、健康美容、工业设备等各个领域。

综合物流与供应链服务公司主要通过收购、联盟合作、代理办事处三种方式扩展业务模块，并进军全球市场。在收购方面，以瑞士德迅为例，其收购整车和汽车零部件公司。不仅布局了全球物流网络，也开启了零部件的仓储和配送、入厂物流、厂内物流等服务，以此满足汽车行业客户的全方位需求。在联盟合作方面，德国信可先后与德国铁路、中华航空、美洲航空、全日空航达成联盟协议，这使得德国信可迅速拓展了航空线路，并占领了全球航空市场。在代理办事处方面，几乎全部公司均在全球建立了百余个代理办事处，凭借多国的代理承接各地方业务。

2. 全球服务能力

智能化转型是综合物流与供应链服务公司最突出的服务能力提升措

施。一方面，各公司积极与全球优质技术开发、信息服务公司展开合作，注重新技术的研发。以瑞士德迅为例，其在 2005 年收购了 ACR 物流公司，利用 ACR 的数据中心软件系统，进一步提升公司的信息数据处理水平。另一方面，公司也将智能化、智慧化的先进技术应用于日常业务之中。例如，捷富凯公司在地理定位、移动终端、物联网、RFID 等商业智能和互联网方面有着大量投资；日本通运在完成信息化技术集成后，增加了电子数据信息保管业务。

在区域国家服务能力提升方面，各公司以欧洲国家、亚太地区、美国市场、南亚与大洋洲等地区为主分别提供了差异化的服务，包括建设物流中心、增加服务体量、建设运输设备设施等措施。例如，捷富凯公司特别提升了欧洲的汽车物流服务水平，并在欧洲建设 16 个设施网络以及分销平台；泛亚班拿针对非洲、中东地区的国家的石油和天然气行业提供专门的运输和物流解决方案；德国信可在阿塔卡马沙漠 3000 米处安装了最先进的无线电天线、在泛美高速公路上架设重型桥梁等。

三、企业在国际国内竞争中的优劣势分析

我国现代物流企业在提升国际竞争力的过程中，既要充分分析国际龙头企业发展路径的成败，也要结合自身实际，取长补短，在国际市场的激烈竞争中占据一席之地。

（一）全球领先物流企业的竞争优势分析

经营规模优势。多数全球领先的航运物流公司是历经百年的家族企业。多年的航海历程使其积累了大量的资源，这些资源体现在资金、集装箱、航运船、航线以及客户源等多个方面。以马士基航运公司为例，拥有大量资本的马士基航运公司可以在全球各国建立自己的代理，用公

司控股或参股的造船厂生产所需要的船只，无须银行贷款而收购其他公司，并采用自己的方式方法培训员工。与此同时，拥有大批量集装箱、大型船只资产不仅让马士基航运公司可以更低的成本运输更大体量货物。拥有更多市场资源使得这些公司在航空业务中能以低成本获得高收益，不仅可以通过多种类、多数量机组承担不同业务，在全球各地拥有交通枢纽、合作伙伴、航线运营权也让公司具备直飞条件，提供给客户更快捷、轻松、方便的服务。以汉莎货运为例，其空运覆盖318个目的地，并且拥有德国法兰克福机场及慕尼黑机场、瑞士苏黎世机场、奥地利维也纳机场、比利时布鲁塞尔机场五大欧洲核心枢纽。这使其航线可以覆盖整个欧洲市场，可以更低成本经营直飞模式的物流运输业务。

综合服务优势。全球领先物流公司在专注物流业务本身的同时，纵向拓展行业板块，并将横向与纵向资产有机结合，进一步拓展航运业务范围。例如，马士基航运公司将战略版图向石油、新能源等方面拓展，建设了负责海上石油生产、销售业务的相关公司。同时，结合公司主营的航运业务，其在能源、冷链等方面的运输上更具专业化优势。DSV 公司注重从物流运输、物流管理业务向供应链全过程管理方向发展。多年物流相关业务管理的经验也使其更容易进入上下游市场，以高效率实现跨行业的问题解决、模式复制。以捷富凯公司为例，在汽车物流的核心业务以外，其针对航空航天、快消零售、两轮车、电子产品、工业设备等领域提供供应链全过程的解决方案。香港利丰则是以贸易为核心业务向供应链管理业务转型。

技术创新优势。全球领先物流公司均在开发数据获取、分析系统，以此获得更多行业信息，并为客户提供更精准、更多元、个性化的服务。值得一提的是马士基航运公司与 IBM 联合开发的 TradeLens 数字平台，其在 IBM Cloud 和 IBM Blockchain 上运行，用于集成全球航运物流相关数据。TradeLens 的成员可使用该平台在生态系统内建立联系，根据权限共享航运所需的信息。几乎全部大型航运公司均在使用这一数字平台。以 DHL 公司为例，其将数字化技术应用在日常业务中。如将虚拟现实（VR）和增强现实（AR）应用于客户监督、查询，将物联网用于其仓储操作等，以此来提升客户体验，优化日常的物流运输操作流程。以罗宾逊公司为例，其快速发展依靠两条"信息高速公路"，一条是罗宾逊用来连接运输公司的 TMS 信息平台，另一条是罗宾逊用来连接货主的导航信息平台。通过信息化建设，公司实现了数据的快速互通，不仅有助于公司对业务的快速响应，也提升了业务处理水平。在信息化建设的基础上，公司提出了供应链数字化转型的新业务。以日本通运公司为例，公司将电子信息通信技术广泛地应用于物流领域，包括 GPS、因特网、分散加密技术、RFID 等先进技术，为公司的物流运输业务提供了强有力的技术支持。此外，日本通运积极利用其在电子信息通信技术领域的优势，提出了物流领域信息通信技术相关的国际标准。针对物流仓储环节，信可成功地在德国的拣货业务中引进了 Picavi 的智能眼镜和 Prolove 的扫描手套，由此提高仓库效率。

（二）国际对标下我国企业的主要差距

一是国际业务经营规模有待提高。我国物流企业在物流基础设施、物流服务网络、业务规模等方面与国际领先企业相对有较大差距。例如，DHL 在五大洲拥有将近 34 个销售办事处以及 44 个邮件处理中心；UPS 拥有超 1800 个运营设施，升降机场在美国国内为 382 个、国际上为 346 个，拥有超过 500 个自有和租赁设施，建筑面积超过 4000 万平方英尺；捷富凯在全球范围内拥有 182 所航空和海运办事处、116 个车辆基地、65 个铁路站点、300 家分支机构。这些领先的物流企业通过大规模的基础设施建设为其物流服务质量提供了坚实的保障。在物流服务网络方面，领先物流企业的物流网络覆盖范围也遥遥领先，能够兼顾国内外的物流需求。例如，马士基航运公司在全球 135 个国家设有办事机构，业务遍布全球 300 多个港口；汉莎货运航空的航线网络覆盖 100 多个国家的约 300 个目的地。广阔的物流网络和业务区域范围为这些领先物流企业带来充足的客户量和订单，进一步推动其进出货数目增长，取得良好的绩效收益。

二是物流服务有待在进一步夯实精细化、特色化基础上向全链条迈进。 国际领先物流企业往往具备并关注自身独特的竞争优势，且在自身具备优势的领域进一步注重细分发展，保障企业在优势领域的持续领先地位。例如，日本邮船为保持自身在绿色航运领域的优势，研发并投入使用了日本第一艘以液化天然气为燃料的拖船以及全球首款以液化天然气为燃料的纯汽车和卡车运输船；FedEx 致力于全球扩张和航空快运，现在全球航空快运已经成了 FedEx 的招牌。领先物流企业保障自身在优势领域内占据领先地位的同时，不断探索深挖以追求持续竞争优势，借助先入和领先的市场优势，巩固并逐步拓展自身的市场份额。

领先物流企业大多在自身原有物流业务的基础上拓展全链条服务。例如，罗宾逊公司可以为客户提供海运、空运、铁路运输以及公路运输等多种运输方式，包括多式联运。在对物流运输资源进行整合的同时，由于是通过一方来对多式联运整体流程进行把控，整体运输效率也得到了较大的提升，带给客户优质的服务质量和体验。

三是技术应用与创新有待提高。 随着科技的不断发展，物流领域的实体设备也在不断更新换代，向着无人化、自动化的方向发展。例如，工业机器人、自动分拣系统等在世界范围内得到了广泛的应用，自动化立体库、分拣机、AGV、穿梭车、机器人、无人机等自动化设备，是国外企业率先尝试应用。部分国际领先物流企业还根据自身的经营策略和优势，自行研发先进物流设备。例如，商船三井在液化天然气运输船方面进行研究，研制出世界上最大的液化天然气燃料船以及破冰液化天然气运输船等设备。物流设施设备方面的技术差异能够比较直观地被客户所感知，帮助企业在竞争中占据优势。

伴随着智能信息技术的发展，物流企业纷纷开展数字化转型，但是和国际领先物流企业相比，我国物流企业在智能化信息化平台建设以及流程数字化改造上要落后于国际领先企业。例如，汉莎货运公司在信息化发展过程中提供电子预订服务，并通过使用标准化的电子消息和受监管的数据交换取代了航空货运行业几十年来一直使用的纸质文档；达飞轮船通过与美国人工智能公司 Shone 合作，在集装箱船上嵌入人工智能和先进的数字技术，并不断推动集团数字化转型。先进的智能信息技术能够帮助物流企业更好地利用、整合和分配资源，帮助企业提供更为优质便捷的服务，实现更加高效快速的发展。

四、促进我国物流企业竞争力提升的政策建议

一是夯实"三大竞争优势"。 一方面，提升国际枢纽优势，构建长三角世界级港口群一体化治理体系等标志性工程，进一步夯实我国的国际枢纽地位和竞争力。另一方面，提升贸易链主优势，充分发挥"链主"企业在市场、技术等方面的驱动优势，促使产业链中的企业持续稳定地向集群化转型，打通价值链的上下游，为整合产业、形成新的产业链创造良好前提条件。再一方面，培育我国大宗商品国际供应链龙头企业，推进大型国企混合所有制改革，鼓励大型民营企业兼并整合。鼓励供应链龙头企业和贸易龙头、重点产业龙头企业强强联合，建立稳固的长期合作关系。鼓励供应链企业以对外投资方式入股国外重点大宗商品资源类企业、物流企业，或以相互持股的方式深化伙伴关系，增强供应链企业的国际竞争力。

二是给予"三项国际竞争力的优惠政策"。 一方面，为企业提供财税

政策支持。对于企业技术创新、开拓国际市场等业务活动给予一定的补贴或税务减免，将物流企业信息化投入纳入抵扣税项。另一方面，加快人民币国际化进程，扩展国际收付款渠道，缓解企业出海业务上存在的货币兑付压力。再一方面，优化企业兼并、收购审批审查方面的流程，简化海外服务企业退税、退费的备案流程。深化国际贸易"单一窗口"建设，加快推进"单一窗口"功能覆盖贸易全链条，优化通关流程，规范进出口环节口岸收费，营造市场化、法治化、国际化的营商环境。

三是推动数字化和标准化建设。 充分发挥优势企业的创新引领作用，着力提升核心企业、平台企业、物流仓储企业等的供应链信息服务能力，加快现代信息技术深层次应用。加快推进以互联网、物联网、云计算、大数据、移动智能终端、区块链为代表的新一代信息技术在我国物流领域的商业化和市场化应用，促进物流各环节数据共享。培育和支持一批自主可控的国际物流供应链信息平台企业。加快发展智能船舶、智慧港口、数字航道、多式联运公共信息平台建设，实现各种运输方式信息交换共享。由政府制定有关物流标准化的法律与法规，并由物流行业协会制定物流作业与服务标准，积极配合政府推行各种物流标准的实施。

四是培养创新型国际物流人才。 加强企业与学院、科研机构展开"产、学、研、创"合作，从而真正实现校内教学与实践的有机衔接。同时，在校企双向互聘机制下，构建教师资源库，建立"互聘、互兼"双向交流的合作机制。通过双向培养，创建技能大师工作站，搭建高技能人才研修平台、校企联合人才培养基地。完善人才培养体系，在培养课程中加入数字化、智慧化技术内容，进一步顺应技术进步需要。

第三篇

陆海统筹，天地一体

"一带一路"贸易大通道建设离不开高水平对外开放，离不开打造内联外通的国际物流网络，保障国际供应链开放、安全、稳定。一方面，我们要打造新通道，由传统的大进大出转向"全方位海陆统筹"，着力提升陆上国际运输能力，使海陆连接更加高效、便捷。另一方面，我们要补齐航空货运短板，以切实发挥航空物流在支撑畅通国内国际双循环、提升产业链供应链现代化水平方面的关键作用。

07 优化国际通道布局[⊖]

百年未有之大变局的大背景下，"一带一路"产能合作的不确定性加大。当前须从服务实际产能合作需求出发，加快打通国际物流通道堵点，更好地支撑共建"一带一路"高质量发展，保障国家产业链供应链安全可控，加快形成以国内大循环为主体、国内国际双循环相互促进的新发展格局。

一、国内外形势变化对"一带一路"通道建设提出了新要求

一是传统通道进出不平衡加剧，关键节点拥堵加剧，须强化通道"多方向立体式"的灵活性，助力畅通国内国际双循环相互促进的新发展格局。新冠疫情蔓延期间，传统通道面临进出不平衡的结构性矛盾，欧美港口作业效率大幅下降，集装箱运价比往年同期上涨了3倍。疫情下全球集装箱分布严重不均，欧美港口面临空箱堆不下的问题，我国则面临严重的缺箱问题，集装箱制造订单积压。中欧班列在疫情下实现开行量逆势增长，西线阿拉山口和霍尔果斯口岸出现拥堵问题，通道能力已经饱和。服务"一带一路"产能合作，要求我国国际通道体系更加灵活，加快建立完

⊖ 写于2020年12月。

103

善陆海、内外联动的国际多式联运体系，逐步从以海运干线运输为主转变为"海空铁公管"并举；逐步从东向通道为主转变为向东、西、南、北向共进的通道布局，在用好传统通道的基础上，挖掘新通道潜力，加快形成深度参与国际竞争合作的新能力、新优势。

二是通道抗风险能力须提升，为打造安全可靠的"一带一路"产业链、供应链，必须增强通道体系的稳定性。我国与"一带一路"沿线国家和地区贸易合作不断深化。截至 2020 年 5 月，我国已先后与 138 个国家、30 个国际组织签署了约 200 份共建"一带一路"合作文件。随着美国对我国全方位打压力度的不断加强，其长臂管辖和限制对象已由高技术领域向物流供应链领域延伸。2019 年，我国中远海能等多家提供国际运输和货代服务的物流企业都曾被列入美国制裁名单。面对严峻复杂的国际形势，必须保证"一带一路"产能合作的产业链供应链在关键时刻不能"掉链子"。

三是通道"重建设轻运营"，应提升供应链服务水平，做到"有点有线，由点及面"。我国是大部分"一带一路"沿线国家和地区排名前五的商品贸易伙伴，具备与其在产能合作中实现协同升级的巨大潜力。在以往的通道建设工作中，以节点和道路的基础设施建设为主，设施运营和围绕产能合作的综合服务能力较弱，出现了中国建设、日韩运营"给他国做嫁衣"的现象。这要求我国通道建设既充分发挥国内枢纽在"一带一路"通道中的重要功能，又围绕产能合作加快提升海外供应链综合服务能力。

二、优化"一带一路"物流通道布局的思路和政策建议

总体思路是：做好整体谋划，加快构建"一带一路"立体通道网络体系，分阶段、分步骤推进。依托产能合作重点领域、重大项目，实现通道重点突破；补齐航空货运短板，建设新型枢纽经济，支撑高端制造业和服

务业发展，提高全球连接度；加快铁路和管道布局，服务能源通道建设和合作；注重铁、海、公为主的多式联运体系和供应链服务网络建设，服务国际区域制造体系。此外，在优化通道布局的同时，处理好控制主导与互利共赢的关系；软硬结合，在完善基础设施网络布局的同时，辅以配套的供应链综合服务能力，提升国际物流供应链系统能力。

第一，构建畅通便捷的物流设施网络和新型国际物流通道体系。进一步完善"一带一路"基础设施互联互通建设规划，加大对沿线沿路国家重要物流枢纽和关键节点设施建设的投入和运营合作力度。对高端制造业和电子消费品，优先解决供应链中断隐患，加快航空货运通道布局；对大宗物资进出口贸易，完善海运通道；对制造业产能合作，推进跨境铁路通道建设和相关公路通道建设；对能源合作，重点推进海陆统筹能源通道建设。在强化国家综合运输通道基础上，重点完善国内通道与上述国际通道的联通对接，形成中西部国际物流大通道，战略层面推进进出疆、藏的通道布局。

第二，提升"一带一路"沿线新兴港口的投资运营能力。在东南亚、非洲等发展中国家和新兴市场，进一步加大对其产业转移承接地区的港口建设力度，重点加强港口建设运营合作，促进我国优势建设企业、运营企业、航运企业参与港口经营管理，进一步增强我国对"一带一路"新兴港口和海运枢纽的影响力。加强国内重点港口或港口群与"一带一路"沿线港口在相互通航、港口建设、港航信息、国际贸易及互联网平台等方面的深度交流合作。

第三，优先建设航空货运基地和转运站点。我国国际航空货运能力较弱，全球枢纽布局滞后，对接全球市场能力不强。应鼓励和支持大型航空公司及快递企业整合"一带一路"主要航空枢纽机场资源，建设境外集货分拨基地；采取入股、参股等合作方式，参与专业货运机场及转运站建设运营，着力提升国际集货能力，拓展地面运输能力，增强与我国主要航空枢纽间的货运合作。

第四，加强中欧班列沿线枢纽和节点建设。中欧班列历经多年快速发展，开行比较成熟，货量规模持续增长，枢纽和节点的集聚效应初步显现。应借助国际金融组织的支持，加快中欧班列沿线铁路、口岸、集结中心等基础设施改造升级，依托沿线重点产能合作项目和境外园区建设，推动产业、贸易、物流、信息、金融等融合发展，打造"一带一路"高品质陆港经济区。

第五，进一步加强境内外物流枢纽合作，畅通立体化物流通道体系。借鉴郑州和卢森堡航空货运"双枢纽"模式，在中欧班列境内班列集结中心与境外铁路枢纽之间，在国内外主要空港或货运机场之间，以及在国内主要港口与新兴港口之间，加大铁路班列、货运航班和国际航线班轮的开行力度，逐步转变点对点的分散开行模式。构建联通国内外市场的"海陆空"立体化运输通道体系，为中欧班列、空中丝绸之路及西部陆海新通道等物流大通道建设提供支撑。

08 建设更高能级的世界级港口群和国际航运中心[⊖]

加快建设更高能级的世界级港口群和国际航运中心，提升整体竞争力和国际影响力，对于"一带一路"贸易大通道建设、构建新发展格局、实现经济高质量发展，以及全面建设社会主义现代化国家，具有极其重要的战略意义和全局作用。

一、世界级港口群一体化治理体系的主要特征与发展趋势

当前全球经济与贸易格局加快调整重塑。作为全球产业链、供应链最重要的对接枢纽与平台，全球港口竞争日益由港口之间的竞争转为港口群之间的竞争。建设世界级港口群，已成为各个经济体抢占全球发展的战略制高点，成为维护产业链和供应链安全稳定、全面提升全球资源要素聚集和配置能力的关键所在。

（一）世界级港口群的主要特征

港口群是一定区域内相邻港口之间分工协作、合作竞争、共享资源，具有密集航运活动和一定物流供应链服务能力的港口体系。与一般

⊖ 写于 2021 年 6 月。

港口群相比，世界级港口群以全球重要航运枢纽为核心，以完善高效的集疏运体系为支撑，具有强大资源要素聚集能级和丰富航线网络，拥有全方位航运要素和发达航运服务能力，治理体系健全完善，在全球港口群竞争中居于领先地位，是具有强大竞争力和影响力的国际化港口体系。其主要特征包括（见表 3-1）以下几方面。

具有强大的集聚能级，至少拥有一个全球国际航运枢纽和若干特色鲜明的专业港口或区域性港口。 有较大的航运规模和较强的国际航运联通能力，枢纽港与区域内其他港口间分工明确，共同形成全球通达的航线网络。

具有强大的腹地经济和现代化基础设施支撑。 拥有完善的综合立体交通网络，拥有江海联运、海铁联运等高效衔接的多式联运系统，具备统一高效的信息共享平台，为经济腹地对接全球市场提供高效通道。

具备丰富全面的航运资源要素和发达的国际航运服务能力。 全球航运服务主体高度集聚，航运金融、法律、保险等服务功能完备，港口与航运、金融、贸易、制造等实现融合互动发展。

具有健全完善的一体化治理体系。 在各利益相关方之间形成有效的协作机制，整体规划布局合理，充分发挥各港口比较优势和功能作用。

具有法治化、国际化营商环境以及与国际接轨的开放制度安排。 拥有优越和高水平的营商环境，通关便利，航运要素往来自由，航运服务业和贸易开放程度高。

表 3-1　世界级港口群主要特征

主 要 指 标	具 体 特 征
发展能级	全球航运网络连接度高
	国际集装箱、货物吞吐量领先
	以全球航运枢纽为龙头，以若干特色鲜明、分工合作的港口为主体
治理体系	制订港口群一体化规划并有效执行
	港口群管理委员会等管理协调机构设置完善
	法规、标准、监管统一高效

（续）

主 要 指 标	具 体 特 征
基础支撑	综合立体的交通网络和高效的多式联运体系
	腹地经济发达或与全球经济有广泛联系
	统一的信息化平台
服务功能	航运金融、法律、保险等专业服务相对发达
	全球航运产业高度集聚，赋能产业发展作用强
开放程度	服务贸易开放及投资自由化程度高
	高水平贸易便利化
	法治化、国际化营商环境

资料来源：课题组整理。

（二）世界级港口群一体化治理体系的内涵与制度框架

治理体系一般指公共机构、私营部门经营管理相同事务，为了调和不同利益相关方而采取的一系列联合行动⊖。它既包括建立正式机构、颁布法律法规和制度安排，也有非正式的沟通机制⊜。

世界级港口群一体化治理体系是为了促进各级政府、港口企业、航运企业等各利益相关方的合理分工、相互协作、竞合共赢，不断提升区域发展能力和港口群国际影响力、竞争力的一系列制度安排。一般由管理制度、治理结构和配套政策等构成。

在管理制度方面，一般是由国家、港口群管理协调机构及港口运营机构等组成。国家层面主要是由中央政府或其负责港口发展的部门组成，负责港口群发展规划、法律法规和相关政策的制定。港口群管理协调机构一般通过新设或整合原有港口管理机构，形成港口群一体化发展和管理的行政主体，负责协调和推动港口群的协同发展、发展规划的实施及重大项目推进，承担港口群发展政策和标准规范的制定以及提供信息共享、监测评估等公共服务事务。港口运营机构主要负责港口的运

⊖ 全球治理委员会（Commission on Global Governance），1995.

⊜ 俞可平. 治理与善治[M]. 北京：社会科学文献出版社，2000：270-271.

109

营、管理及与港口所在地的地方政府协调。其往往需要通过建立对上级政府、对各港口及地方政府的若干工作机制，来协调和推动区域港口的协同发展，以及相关发展规划及重大项目实施。

在治理结构方面，主要针对港口运营管理、航运服务、资源环境、对外开放等建立相关发展政策或制定法律规范，以打破原有港口管理边界，形成统一、规范、公开、透明的港口群管理制度，形成包括港航监管一体化、港航服务一体化、对外开放一体化、资源环境保护利用一体化在内的治理框架。监管一体化是通过上下联动推进跨区域跨部门的政策协调，实现监管职能的系统集成。港航服务一体化是通过促进数据、金融、人才等要素服务升级，实现区域内要素更好地集聚与自由流动。对外开放一体化是通过建立港口群统一的货物贸易便利化、投资准入等政策，提升港口群的对外开放水平和国际竞争力。资源环境保护利用一体化是明确港口群自然资源利用、环境保护的统一标准和监管体系，防止重复建设和实现可持续发展。

在配套政策体系方面，主要是结合港口群一体化发展的要求，由国家或地方层面出台相关支持政策。

（三）国际航运中心的内涵特征

国际航运中心是在全球航运体系中居于主枢纽地位的城市，是国际航运网络中的重要节点，是国际航运活动的主要聚集地，是国际航运资源要素配置的主枢纽，是国际航运业创新发展的策源地。国际航运中心通常具备较强的国际联通能力、航运资源聚集能力、航运服务能力、航运要素配置能力和航运创新发展引领能力。

从功能和特征来看，国际航运中心有物流型和资源配置型两种形态。在国际航运枢纽体系中，处于顶端的少数全球航运中心均为资源配置型，对区域及国际上其他物流型航运中心发挥行业组织、航运服务、资源配置的重要功能，以新加坡、伦敦等港口城市为典型，这些资源配置功能较强的全球航运中心，一般是在物流型国际航运中心的基础上发展形成的。而物流型国际航运中心则在区域或专业物流领域发展，聚集以国际货物为主的航运物流业务及资源，以鹿特丹、釜山、纽约—新泽西、雅典等港口城市或港口群为典型。

成为国际航运中心是国际航运综合实力的体现。具体来看包括（见表 3-2）：一是具有一定的国际航运市场规模，对区域或全球航运体系具有较强支撑功能；二是具备一定的国际航运服务能力，对经济腹地及全球航运具有服务和促进功能；三是在全球航运体系中发挥较为突出的创新引领、业务辐射、市场带动作用，拥有一定国际航运资源要素配置能力；四是具备良好的航运营商环境以及与国际接轨的开放制度安排。

表 3-2　国际航运中心评价指标

建设框架	指　标
集聚能级	集装箱吞吐量（标箱）
	航空货运吞吐量（吨）
	基础设施条件（桥吊、泊位、港口）
服务功能	航运经纪服务数量（个）
	航运保险业务规模
	全球海事律所数量（家）
	海事技术能力
全球航运资源配置力	航运交易所指数影响力
	航运连接度
	世界海事组织数量（个）
	船舶注册数量（艘）
市场环境	航运服务贸易限制程度（分数高限制多）
	物流通关时效指数
	综合税率

（四）世界级港口群一体化治理的发展趋势与经验

随着经济全球化的深入发展，港口之间的竞争也不再局限于本国或紧邻的港口，竞争区域不断扩大，较大区域范围内不同国家的港口对枢纽港地位的争夺成为普遍现象。当前，全球港口之间的竞争已演变成港口群之间的竞争，通过港口群一体化治理增强全球资源配置能力已成为新趋势。从世界级港口群一体化治理的实践看，可以归纳出一些共性的经验做法。

形成促进一体化治理的发展协调机制。港口群一体化涉及区域广、利益主体复杂、跨部门跨行业监管，需要有高效的港口群发展协调机制作为保障。纽约—新泽西港通过建立具有企业和政府双重管理性质的机构，对港口公共资产和行政资源进行一体化整合；东京湾港口群的规划与港口分工由国家主导，港口运营权下放给地方港口机构，形成国家主导的内联外争发展机制；安特卫普—布鲁日港通过合并重组，建立市场主体进行整合协调，其中安特卫普市和布鲁日市占新主体股份比例分别为80.2%和19.8%。

形成以大型枢纽港口为核心、区域内其他港口分工合理的港口群布局。港口群通常有一个枢纽港作为发展龙头，具备突出的综合竞争优势，其他专业港口或者区域港口聚集专业化航运业务和资源要素。例如，安特卫普港是欧洲第二大集装箱港口，布鲁日市泽布吕赫港是欧洲的液化天然气运输枢纽，两港合并后的安特卫普—布鲁日港成为欧洲最大的集装箱港口和最大的散货港口。再如，日本政府先后颁布《港湾法》《东京湾港湾计划的基本构想》等法案，明确东京湾各港口的发展定位，其中东京港以外贸集装箱运输为主，横滨港和川崎港主要以进口铁矿石等工业原料和粮食为主。

形成统一开放的市场运营环境。东京湾各港口在日本交通省的协调下，实现共同揽货、整体宣传；为了消除日本主要大港之间在价格上出现无序竞争，采取统一港口收费标准、大幅降低港口收费和简化船舶进港手续等措施，进一步增强了东京湾国际中转业务的吸引力。而洛杉矶港与长滩港通过签署谅解备忘录，在多式联运、信息共享、劳动力等领域开展一体化合作，明确了"北美洲的首选门户"的发展目标。

形成多方参与、建设与运营适度分离的模式。全球主要港口群的规划与基础设施建设，一般由政府以提升国际竞争力和公共服务水平的目的进行统筹推进。港口的运营一般体现市场主导原则，发挥市场在资源配置中的决定性作用，并促进港口间的有效竞争和充分合作。例如，纽约—新泽西港以港务局为主体，对码头、空港、地铁、道路及隧道等设施进行统一规划、开发、建设和管理，但港务局本身不能经营码头装卸业务，而对码头业务采取招租经营。

二、形成长三角世界级港口群一体化治理体系已具备 基础和共识

（一）港口群整体规模世界领先，全球影响力竞争力持续提升

长三角地区拥有多个国际大港，航线网络发达，腹地产业和市场规模大，国际航运联通能力较强，是我国港口实力最强、吞吐量最大的港口群。2020 年，长三角港口群货物吞吐量达 60.7 亿吨，集装箱吞吐量达 9766 万标准箱，分别占全国的 41.7%和 42.0%。长三角区域内亿吨大港密集，上海、宁波舟山、苏州、连云港 4 个港口进入全球集装箱港口"30 强"。2020 年，长三角区域内货物吞吐量亿吨以上的港口共有 16 个，占区域港口总吞吐量的 83%；各港口通达世界 214 个国家的 500 多个港口，集装箱航线 900 多条，每天往返班轮超过 300 班。长三角港口群已经成为我国航运规模最大、集装箱航线最为密集的港口群，在全球航运市场中具有较大影响力和较强的竞争力，具备发展成为世界级港口群的市场基础。

（二）"一体两翼"发展格局初步形成，上海已进入全球国际航运中心前列

经过多年发展，长三角港口群基本形成了以上海国际航运中心为龙头、以浙江和江苏为两翼、以安徽及长江流域港口为支撑的"一体两翼"发展格局，各港口初步形成了各自的发展优势和鲜明的分工特点。

作为"一体"，上海国际航运中心的综合优势突出，已连续 11 年位居全球集装箱吞吐量第一。2020 年"新华·波罗的海国际航运中心发展指数"综合排名和航运服务排名上海均位居第三位。近年来，上海港航运要素和资源加快集聚，不仅有中远海运、振华港机等全球最大的航运企业、设备制造业的企业总部，而且全球十大船舶管理机构中的 6 家、国际船级社协会 12 个成员中的 10 个、全球排名前百位班轮公司中的 39 家，均在上海设立运营企业或分支机构；金融、保险、法律、仲裁等海事航运功能也不断增强。整体而言，上海国际航运中心已基本建成，对引领带动长三角港口群一体化发展形成强有力的支撑功能。

"南翼"的浙江经济腹地市场规模大，岸线资源丰富，在大宗商品和集装箱运输方面具备较强发展优势。宁波舟山港货物吞吐量连续 12 年位居全球第一，集装箱吞吐量位居全球第 3 位，是全球首个货物吞吐量超过 11 亿吨的世界级大港。

"北翼"的江苏是我国唯一同时拥有江港、海港、河港的省份，经济体量居全国第二，市场规模和需求潜力巨大。其中，苏州港全球货物吞吐量位居第 4 位、集装箱吞吐量居全球第 19 位；连云港货物吞吐量居全球第 16 位、集装箱吞吐量居全球第 22 位。江苏依托长江及丰富的水系形成了江海联运等多式联运优势，实现了与上海港、宁波舟山港的联动发展格局。

安徽是长三角港口群的重要组成部分，也是未来发展潜力巨大的经

济腹地。安徽水运条件优越，长江、淮河及新安江横贯全省，拥有6000多公里内河航道。其中，长江航运较为发达，拥有合肥、芜湖、马鞍山、安庆等8个主要港口，已初步形成了与上海等沿海港口联动发展的机制，成为连接长三角和长江中上游地区的重要通道节点。

（三）区域内一体化治理机制加快探索，港口内部整合的成效开始显现

在推动长三角区域一体化发展领导小组的指导下，近年来三省一市在协调推进港航资源整合和港口一体化发展中进行了多途径、多层次的探索，并取得一定成效。区域合作上，依托上海组合港管理委员会的部省市协作机制和长江黄金水道建设方案协同机制，协调上海国际航运中心建设相关内容。城市合作上，形成了长三角城市协作发展机制，协同推进港口互联互通和集疏运体系建设。部门合作上，由上海组合港办公室牵头协调，建立了浙江、江苏、上海两省一市交通主管理部门之间的协同合作机制。港政合作上，形成了上海、南京、杭州、宁波、合肥5个直属海关主要领导座谈会、联席会议等运作机制，同时建立了问题需求联合调研、改革创新协同合作等工作推进机制。海事合作上，建立了长三角海事融合发展领导机制。绿色发展方面，三省一市形成了"长三角区域船舶和港口污染防治协同推进工作小组"，协作机制不断升级扩容。企业合作上，也成立了长江经济带航运联盟。

在港口整合方面，三省一市也分别推动行政区内部的港口整合。上海港口资源整合起步较早，市内港口一体化程度较高。浙江省也先后完成了省内沿海5港、义乌陆港以及有关内河港口的全面整合。安徽省以股权为纽带，通过相互参股的方式，已完成省内沿江内河港口资源整合。江苏省也完成了部分港口资源整合的阶段目标。

跨省项目资源合作加快推进。以小洋山北侧开发为重点，三省一市港口（航）集团签订了战略合作协议，深化推进港口投资运营合作。各省市港口（航）集团之间、港口（航）集团与航运企业之间开展了广泛的资本合作和针对重大项目的共同开发。

区域间监管合作和创新取得成效。上海、南京两地海关联合推出洋山—太仓港"联动接卸"监管新模式，实现集装箱货物一次申报、一次查验、一次放行，有效缩短了进出口整体通关时间，提高了物流运转效率，降低了企业成本。

（四）中央对长三角世界级港口群建设高度重视，形成一体化治理体系的共识初步达成

构建长三角世界级港口群形成一体化治理体系是习近平总书记亲自关心的长三角一体化发展的标志性工程。2020 年 1 月 13 日，习近平总书记在浦东开发开放 30 周年庆祝大会上发表重要讲话，强调"要加快同长三角共建辐射全球的航运枢纽，提升整体竞争力影响力"，对长三角世界级港口群一体化治理体系建设提出了明确要求。

在党中央国务院高度关注下，有关部委和地方积极推动相关工作。2018 年 12 月，交通运输部与三省一市政府联合印发《关于协同推进长三角港航一体化发展六大行动方案》，提出内河航道、区域港口、绿色航运、信息资源、航运中心建设等方面一体化发展举措。2019 年 12 月，中共中央国务院印发《长江三角洲区域一体化发展规划纲要》，提出推动形成区域协调发展新格局，提升基础设施互联互通水平，协同建设一体化综合交通体系，创新一体化发展体制机制。三省一市均出台了实施方案，进一步明确了各省市在港口合作方面的努力方向和着力点。2020 年 4 月，国家发展改革委和交通运输部联合印发《长江三角洲地区交通运输

更高质量一体化发展规划》，提出建设世界级机场群和港口群，塑造港口群分工新格局，构建一体化协同体制机制。2021年，国务院发展研究中心课题组呈报《构建长三角世界级港口群形成一体化治理体系总体方案》研究报告。

三、国际航运中心建设成效

上海国际航运中心建设紧紧围绕突出中国特色、时代特征及上海特点的要求，瞄准"一个基本建成，三个基本形成"的目标，从国际联通能力、航运资源集聚程度、航运服务功能、全球航运资源配置能力、航运创新发展引领能力等方面持续发力。2019年上海集装箱吞吐量和总吞吐量分别位于全球第一、第二位；2020年"新华·波罗的海国际航运中心发展指数"综合排名和航运服务排名上海均位居第三名。整体而言，上海国际航运中心已实现基本建成的目标，并对经济、金融、贸易、科创中心的建设，引领带动长三角区域一体化发展，提供了强有力的支撑。

（一）国际联通能力世界领先

航运连接度跃居全球第一。上海港连接度世界第一。上海港已经与全球214个国家和地区的500多个港口建立了集装箱货物贸易往来，拥有国际航线80多条。

上海空港航线网络覆盖能力亚太领先。上海成功构建国内首个"一市两场"机场体系，共投用4座航站楼和1座单体卫星厅、5个货运区、6条跑道，运营的航空公司超过百家，联通全球51个国家的314个通航点（其中，国际通航点142个，港澳台通航点5个，大陆通航点167个）。

（二）航运资源集聚程度显著提高

国际枢纽能级持续提升。2019 年，上海港集装箱吞吐量达到 4330 万标准箱，连续 10 年蝉联全球首位，比 2009 年集装箱吞吐量增长 1830 万标准箱。构建国内首个"一市两场"机场体系，2019 年上海航空旅客吞吐量 1.22 亿人次，较 2009 年增加 6492 万人次；货邮吞吐量 405 万吨，列全球城市第三。上海邮轮码头及配套设施日益完善，形成吴淞口国际邮轮港、上海港国际客运中心码头、外高桥备用码头"两主一备"布局形态。吴淞口国际邮轮港具备"四船同靠"设施能力，成为亚洲第一、全球第四邮轮母港。

全球航运服务主体不断集聚。全球十大船舶管理机构中的 6 家、国际船级社协会 12 个成员中的 10 个、全球排名前百位班轮公司中的 39 家在上海设立运营企业或分支机构。2016 年，全球最大的航运企业中远海运集团也将整合后的总部设于上海。依托金融、贸易等现代服务业发展基础，上海已发展形成现代航运物流示范区，邮轮旅游发展示范区、航运服务集聚区等七大航运服务集聚区，整体形成国内外航运资源不断集聚的良好态势。

（三）航运服务功能不断完善

航运金融业务稳步拓展。航运融资领域，金融租赁公司提供的租赁资产余额（包括融资租赁和经营租赁）占银行业金融机构航运金融业务量比重从 2009 年的 1.3%提高到 2019 年的 34.3%。航运保险领域，船舶险和货运险业务总量全国占比 1/4，国际市场份额仅次于伦敦和新加坡。上海航运保险协会代表中国加入国际海上保险联盟，会员单位在全国航运保险市场份额超过 90%。

海事法律服务不断提升。上海海事法院和海事仲裁服务机构共同打造国际海事司法上海基地，构建多元化纠纷解决机制，推进信息技术与海事法律服务不断融合，创新专业便利的诉讼机制，海事仲裁服务全国领先，仲裁案件数量达到全国总量的90%。

（四）全球航运资源配置能力不断增强

航运业开放力度加大。 上海自贸试验区在全国率先实施外商投资准入负面清单管理模式，并在全国复制推广。国际海上运输、国际船舶管理、国际船舶代理、国际海运货物装卸、国际海运集装箱站和堆场业务等领域均对外资全面开放。累计18家外商独资国际船舶管理公司入驻自贸试验区，包括4家国际前十的国际船舶管理公司。

航交所影响力逐步扩大。 国家级航运交易市场——上海航运交易所已成为全国集装箱班轮运价备案中心、中国船舶交易信息中心，发布"上海航运"系列指数（包含17大类、200余个指标），其中集装箱运价指数成为全球集装箱运输市场风向标，沿海煤炭运价指数挂钩协议使用比例超过50%。"中国航运景气指数"被业界广泛引用，成为中国航运业的"采购经理人指数"；"中国航运数据库"成为国内首个全面整合中国港航领域统计数据、信息资源的公共信息服务平台。

国际交流日益密切。 中国国际海事技术学术会议和展览会连续在上海举办20届，成为全球海事领域最具规模和影响力的两大品牌展会之一，被誉为"国际海事技术发展趋势的风向标"。2019年，国务院批准上海市人民政府和交通运输部于2020年共同举办北外滩国际航运论坛，立足打造航运界的"达沃斯"论坛。2019年，世界最大国际航运组织——波罗的海工会在上海举行全球会员大会，并宣布设立"亚洲发展与支持中心"。国际海事组织亚洲海事技术合作中心、国际海上人命救助联盟亚太交流合作中心、上海波罗的海国际航运公会中心、中国船舶油污损害理赔事务中心、中国船东互保协会、上海国际航空仲裁院等一批国际性、国家级航运功能性机构也先后入驻上海。

（五）航运创新发展引领能力持续提升

基础设施建设提升辐射能力。实施长江口深水航道治理工程，清理"拦门沙"，突破通航"瓶颈"，1998 年到 2010 年历时 12 年将长江口航道从水深仅 7.5 米疏浚达到 12.5 米满足大型集装箱班轮进出的通航标准。洋山深水港建设从论证分歧到排除万难进行了大量技术创新、投融资创新、制度创新，陆续完成了洋山港进港通道、32.5 米的东海大桥建设。洋山深水港四期自动化码头竣工投产，成为全球规模最大、自动化程度最高的集装箱码头。上海港的港口布局实现了从黄浦江到外高桥再跳出长江口的"三级跳"。"一环十射"内河高等级航道网络建设不断推进，加大了上海国际航运中心的辐射能力。

海事技术创新能力不断提高。船舶设计建造成果丰硕，我国首艘自主建造的极地科学考察破冰船"雪龙 2"号在上海顺利交付，首艘国产大型邮轮在上海外高桥造船有限公司开工建造。中国船级社在上海的分支机构业务量位居全国前列，近年参与编写的提案在国际海事组织通过率达到 85%。

通关效率大幅提高。100% 货物申报、船舶申报和出口退税业务均可通过"单一窗口"办理，进口整体通关时间压缩 50% 以上。人员出入境更加便利，部分国家外国人过境上海 144 小时免签政策、外国旅游团乘邮轮入境 15 天免签政策效应明显，自助通关人次占旅客总人次比率达 35%。

四、形成长三角世界级港口群一体化治理体系的主要问题与障碍

与世界级港口群的发展目标要求相比，长三角港口群在发展质量和

效率等方面仍存在一定差距，一体化发展的体制机制尚未理顺，一体化治理体系有待加快形成。

一是上海全球航运中心的龙头作用仍须强化。上海在建设国际航运、贸易、金融中心方面已形成较为明显的规模优势和集聚效能，但对标全球顶级枢纽港口，上海的国际竞争力还存在一定差距（见表 3-3）。航运资源集聚能级仍有提升空间，集装箱多式联运、国际中转的比例偏低。航运服务专业化国际化水平仍有待提升，航运经纪、金融、法律服务功能，以及对全球航运资源要素的配置力、影响力，参与国际航运规则和标准制定、国际航运信息服务等方面的能力仍需要增强。

表 3-3　上海与主要国际航运中心部分指标比较

对标内容	指标	上海	鹿特丹	新加坡	伦敦	东京
集聚能级	集装箱吞吐量（标箱）	4330万（1）*	1480万（11）	3720万（2）	—	—
	基础设施条件（桥吊、泊位、港口）	89（3）	92.5（1）	80（6）	—	41（25）
服务功能	航运经纪服务数量（个）	20+（5）	—	40+（2）	70+（1）	10+（10）
	航运保险业务规模	（3）	—	（2）	（1）	—
	全球海事律所数量（家）	30+（3）	—	30+（4）	60+（1）	20+（10）
全球航运资源配置力	航运交易所指数影响力	—		（1）	（2）	
	世界海事组织数量（个）	24	—	50	122	—
	船舶注册数量（艘）	2211	—	4400	—	—

* 括号中的数字代表全球排名。

数据来源：英国《劳氏日报》，新华·波罗的海国际航运中心发展指数，World shipping Register 2019，港口与海事管理部门。

二是核心港口集装箱吞吐能力较为紧张。上海港等国际集装箱港吞吐量已远超设计规模，高峰时期的运输能力受到限制。部分枢纽港在资源、空间、交通环保等方面受到较强约束，存在因深水泊位岸线不足、陆域空间不足而面临发展空间受限的问题，长三角港口资源统筹利用效率有待提高。

三是港口群集疏运体系亟待优化。海港和江港之间、内河航道网和道路、铁路建设之间尚未形成"公、铁、江、海"高效衔接的联运通道和体系。港口群集疏运体系仍以公路为主，多式联运发展相对比较滞后，上海港集装箱铁水联运比例仅为 2%。铁路内陆场站硬件条件有待完善，河海联运航道通达能力有待提升，省际航道上下游省份在规划建设标准、建设时序等方面需要进一步协调。

四是营商环境和服务能力与世界一流港口群存在较大差距。上海港和宁波舟山港综合环境排名第 28 位和 30 位，较总排名分别低 25 位和 19位，贸易便利化、通关便利化等方面存在明显差距（见表 3-4）。根据新华·波罗的海国际航运中心发展指数（2020），宁波舟山港航运服务综合排名第 16 位，比港口综合实力排名低 5 位，其他港口也普遍存在航运服务发展层次较低、服务质量不高等问题。制度环境差距阻碍了港口群资源要素聚集和现代航运服务功能发展。

表 3-4　世界港口主要指标排名情况

	总 排 名	港 口 条 件	航 运 服 务	综 合 环 境	物流通关时效
新加坡港	1	5	2	1	6
上海港	3	4	3	28	27
纽约—新泽西港	9	21	10	12	—
东京港	10	27	11	16	10
宁波舟山港	11	1	16	30	—

数据来源：总排名、港口条件、航运服务、综合环境排名来源于新华·波罗的海国际航运中心发展指数，物流通关时效排名来源于世界银行。

五、形成长三角一体化治理体系的总体思路

在深刻领会贯彻中央精神的基础上，要着眼战略大局和发展全局，形成长三角世界级港口群一体化治理体系的目标、原则和思路。

（一）重大意义

加快构建长三角世界级港口群形成一体化治理体系，对于我国进入新发展阶段、加快构建新发展格局、主动培育国际竞争新优势，具有极其重要的战略意义。

有利于增强我国国际竞争力，抢占全球航运发展制高点。当前世界正经历百年未有之大变局，全球航运枢纽之间、港口群之间的竞争不断加剧，已成为全球新一轮竞争的制高点，对维护国家产业链和供应链安全稳定、全面提升全球资源要素聚集和配置能力至为关键。形成港口群一体化治理体系是长三角建设世界级港口群的关键基础和先决条件，将极大促进区域内各港口合理分工、紧密合作，聚力建设以上海为核心的全球航运枢纽，进一步提升长三角港口群发展能级，增强对全球市场的辐射能力和全球产业链供应链的服务能力，实现高水平的一体化发展，为我国抢占全球航运制高点、在全球新一轮发展竞争中把握先机、赢得主动，提供强大的支撑和动力。

有利于加快构建新发展格局，打造畅通国内国际双循环的关键平台。港口群是对接国内国际产业链供应链、连通国内国际市场的"连接器"，是畅通国民经济循环的关键环节。形成港口群一体化治理体系是提升港口群服务国内国际双循环能力的重要抓手，将有助于港口群立足我国超大规模市场优势，加快共建货类丰富齐全、供应链衔接紧密、国内

国际市场高效联通的强大港口体系，成为我国高效利用两个市场、两种资源，更好服务经济高质量发展、实现国内国际双循环相互促进的重要平台和基础保障。

有利于促进长三角区域一体化发展，探索创新驱动、高效协同的新途径。 长三角地区是我国改革开放的重要前沿和窗口之一，在国家现代化建设和全方位开放格局中有着十分重要的创新引领作用。加快构建港口群形成一体化治理体系是新发展阶段港口群破解体制机制约束、实现创新驱动和高效协同发展的有力制度保障，有利于加快港航管理、市场监管、对外开放、投融资等体制机制改革和创新探索，进一步提高资源配置效率，发挥各项发展政策的协同效应，加快形成港口群一体化治理的制度创新成果，为引领和促进长三角区域一体化高质量发展提供先行示范。

（二）基本思路

服务大局，求同存异。 形成长三角世界级港口群一体化治理体系是建设世界级港口群的重要制度基础。在完善和总结洋山港区港政、航政和口岸统一管理实践经验的基础上，各地方政府和有关部门应着眼全局、服务大局，处理好全局与局部、国家与地方的关系，聚焦推进一体化发展和服务国家重大战略的基本共识，通过发挥优势、合理分工、加强合作，加快形成一体化协同发展的共识、合力和行动方案。

市场主导，政府推动。 处理好政府与市场的关系，处理好港口与地方经济发展之间的关系，突出国家顶层设计，加强部门协调，突破体制机制梗阻，充分发挥市场在资源配置中的决定性作用，更好发挥政府作用，实现业务布局、项目建设、航线设置、存量整合等决策优化，形成政府与市场的有效合力，推动长三角港口群实现一体化、高质量发展。

优势集成，合理分工。 长三角地区港口数量众多，发展各具特色。充分发挥各港口的特色和优势，着眼港口群一体化发展的长期目标和发展全局，因地制宜、因业制宜，明确各港口的功能定位，促进合理分工和布局优化。既要优化有竞争关系港口间的水平分工，也要改善港口与集疏运体系、与江海和铁水联运、与港航服务等的垂直分工，更好形成分工合理、优势集成、相互协助、合作共赢的发展格局。

六、国际航运中心发展方向和政策建议

当前世界正处于百年未有之大变局，国际政治经济格局深刻调整，大国博弈与地缘冲突加剧，新技术革命方兴未艾，国际分工和产业链格局加速调整。新冠疫情暴发后，各国对物流供应链安全的考虑上升，全球航运市场发展格局重塑。面向未来，上海国际航运中心建设需要明确全新的发展愿景和更高层次的发展目标。

建设全能型国际航运中心。 到 2035 年成为全球综合竞争力最强、创新引领作用突出的国际航运中心。国际航运中心建设要适应全球航运从服务船东到服务货主再到服务供应链的新趋势，从服务国家战略的高度，以提升供应链创新能力为核心，以建设全球物流供应链枢纽为主攻方向，加快推进国际航运中心发展转型升级，实现数字化、绿色化、国际化、法治化，着力提升创新能力，加快打造竞争新优势，积极探索制度突破，在新一轮国际航运中心的创新和转型中发展引领和带动作用，为我国国内国际双循环相互促进新发展格局提供全新发展平台和载体支撑。

（一）提升"三大"创新能力

一是以打造国际航运供应链枢纽为核心，着力提升完善我国国际物流联通能力。以上海为核心打造长三角世界级航空货运网络。对于高端制造业和电子消费品，优先解决供应链中断隐患，战略性加密到欧洲、日韩、印度的航空货运通道。对于大宗物资进出口贸易，完善上海港到非洲、南美洲主要港口的海运通道。加强上海与西部陆海新通道的衔接与合作，加强与中西部陆港的联系。

二是提升资源利用能力，扩展长江经济带和长三角区域一体化发展的战略空间。把长江口整治规划建设纳入长江经济带发展和长三角区域一体化发展统筹考虑，建立有效的协调机制，统筹推进长江口保护工作。推进小洋山北侧支线泊位建设，将其作为江海直达中转码头，切实缓解港口能力饱和问题。优化长三角区域港口功能布局，鼓励区域组合港发展，进行错位互补。

三是提升国际专业服务能力，增强高端要素集聚功能。设立上海国际商事法院。鼓励中资公司将上海列为外贸合同条款中的海事仲裁地。探索国际商事审判案例指导，建立与国际通行接轨的商事纠纷审判规则体系。降低国际物流企业的融资成本，简化投资审批手续。探索航运离岸金融服务，减少外汇管制环节，便利资金在自贸区和境外自由流动。律师、仲裁员和经纪人在上海短期从业放宽资格限制，为国际航运商务人士业务往来提供便利。打造数字口岸，建立"通关+物流"跟踪查询系统。加强智能航运监管机制建设，推动各节点信息实时动态可视、可控，完善船舶通关"一站式"作业。

（二）打造"三项"竞争优势

一是打造以供应链服务为核心的国际枢纽经济，构筑国际供应链管理中心。将国际供应链服务作为未来上海国际航运中心实现由并跑到领跑的核心，实现由服务船东到服务货主再到服务供应链的提前布局。鼓励流通企业与生产企业合作，建设供应链协同平台。大力培育新型供应链服务企业，拓展质量管理、追溯服务、金融服务、研发设计等功能，提供采购执行、物流服务、分销执行、融资结算、商检报关等一体化服务。充分发挥长三角地区产业链供应链强大的优势，创造条件吸引供应链核心企业把供应链管理环节迁移到上海，积极鼓励中国货主和中国承运人在上海设立总部或区域总部，将上海打造为这些企业的全球供应链管理中心。支持国际供应链内企业间交易环节税收适度减免。

二是构建航运创新机制，打造民用航空创新示范区。加快推进互联网、物联网、云计算、大数据、移动智能终端、区块链为代表的新一代信息技术在上海国际航运中心的商业化和市场化应用。加强上海港区 5G 信号覆盖等新基建配套，对港口设施进行自动化改造。探索自动驾驶智能集卡的研发与应用。聚焦民用航空制造等国际前沿、高附加值的硬科技产业发展。以大飞机总装制造为引领，集聚航空制造及服务、产业配套等大飞机产业资源，集聚协同国内外航空优质资源，打造世界级航空产业集群。

三是强化国际航运综合服务功能，提升国际竞争力和影响力。依托上海期货交易所平台，研究开发集装箱运价指数期货产品，更多参与国际航运价格形成。大力吸引和培育国际性、国家级航运专业组织和功能性机构，服务和保障国际航运组织和机构在上海发展，形成上海参与国际航运治理的平台优势。积极参与国际海事技术规则和标准制定，促进航运技术、标准"引进来"和"走出去"，提高上海在航运技术、标准等领域服务全球的能力。

（三）探索"三个"制度突破

一是实施更加开放的航运和空运政策，提升全球资源集聚能力。加快我国国际船舶登记制度创新，在上海自贸区内放开对国际航行船舶登记主体、类型、船龄及检验等方面的限制。制定更加开放的检验制度，允许国际船级社协会认可的所有成员机构开展在上海自贸区的中国籍国际航行船舶的检验业务。在国际对等基础上，扩大第五航权安排，试点开放第七航权，允许相关国家和地区航空公司承载经上海至第三国（地区）的客货业务。加快沿海捎带开放步伐，推动允许经备案的所有外籍国际航行船舶开展以洋山深水港为国际中转港的外贸集装箱沿海捎带业务的实施。吸引国际班轮公司以上海港为区域核心枢纽，优化航线布局和航班设置，建立高效枢纽转运服务品牌。

二是建立国际物流离岸数据中心，探索数据跨境流动。在国家数据跨境传输安全管理制度框架下，创新国际物流数据跨境传输安全管理的制度设计，建立国际物流离岸数据中心。探索加入东亚国际物流数据跨境流动制度安排，提升数据传输便利性。积极参与跨境数据流动国际规则制定，建立国际物流数据确权、交易和国际供应链透明度建设的标准和规则。

三是实施与国际接轨的税收优惠政策，建立平等竞争的国际物流税收制度。建立国际航运税率动态调整机制，实行与新加坡相近税率的国际航运和空运税收优惠政策。境内建造的船舶在上海自贸区登记并从事国际运输的，视同出口并给予出口退税。对符合条件并经上海港中转离境的集装箱货物，试行启运港退税政策。采用国际上通行的船员所得税优惠政策，对在国际航行船舶服役超过半年免征所得税。研究船舶吨税制改革试点，试点船舶吨税制逐步代替企业所得税制。

09 补齐"一带一路"航空物流短板[⊖]

航空物流是现代物流体系的重要组成部分，相比其他货运方式，航空物流具有基础设施建设周期短、不受地面限制、运输速度快、空间跨度大、运行灵活性高、环境影响小、破损率低、安全性好等特点，在高时效、高附加值、长距离货运物流中具有得天独厚的比较优势，在我国推进"一带一路"贸易大通道建设，加快形成以国内大循环为主体、国内国际双循环相互促进的新发展格局中，航空物流所发挥的作用将越来越突出。近年来，我国"一带一路"航空物流稳步增长，在"一带一路"经济贸易发展中发挥了重要作用。需要抓住发展的机遇期，顺应发展规律与趋势，通过市场主导与政府引导相结合，推进"一带一路"空中通道建设，以切实发挥航空物流在支撑畅通内外双循环、提升产业链供应链现代化水平、促进产业结构升级和提升国家竞争力方面的作用。

一、战略意义与作用

当前世界经济贸易格局发生深刻变化，全球产业和供应链布局持续调整，跨境电商持续快速发展，我国也已经进入高质量发展阶段，正衍

⊖ 写于 2021 年 11 月。

生出越来越多的航空货运需求，新冠疫情等全球性公共卫生事件给全球物流发展提出了新的挑战，各类新技术的加速应用也在加速驱动物流产业不断创新发展。在此背景下，充分利用航空货运这种最快捷的运输方式，从国家战略高度，加快建设和完善"一带一路"空中通道具有重大战略意义。

（一）促进我国物流体系加快融通全球和实现高质量发展

当前我国航空货运特别是国际航空货运是我国物流体系的显著"短板"，航空物流国际竞争力较弱，存在着发展基础薄弱、运转效率低下、企业国际竞争力不强、国际航空货运网络服务范围小等突出问题。2018年全球航空公司的国际航空货运量前25名中，我国大陆地区仅国航、南航上榜，仅居全球第18位、24位，国航货运量仅为前三名阿联酋航空、卡塔尔航空、联邦快递的1/4～1/3；全球航空货运代理业务量前25名中，我国大陆地区仅中外运上榜，仅排第12位，中外运业务量仅为第一名DHL的1/4。为此，站在全球供应链和服务链的高度加快向现代航空物流业进行转型，加快航空货运枢纽建设，培养壮大航空物流企业，提升航空物流运行效率，不断拓展"空中丝绸之路"，有利于我国物流体系加快补齐航空货运短板，更快速、更广阔地联通全球，进而促进我国物流体系的高质量发展。

（二）是促进产业升级和提升国家竞争力的重要支撑

航空货运适宜于小件商品、鲜活商品、季节性商品、贵重商品、医疗器械、药品以及精密仪器、零部件等高附加值货物运输，与其他交通方式相比，其货品附加值高、产业链条长、经济拉动作用强，在带动产业高端化发展、促进中高端消费发展等方面的作用尤为突出。根据国际航空运输协会

（IATA）统计，在全部交通运输方式中，虽然航空货运量仅占 0.5%，但航空货运承担运送的货物总价值占全球的 35%，约是其他运输方式的 108 倍。在全球产业链和分工格局深度调整的新时代背景下，以跨境电商为代表的新型跨境商业模式加快创新发展，对产品的国际航空物流供应链提出了更高的要求，为此构建更快速、更高效、更经济、更广阔的国际航空物流通道网络，有助于提升我国在全球产业链、价值链和创新链分工中的向中高端价值环节迈进，促进产业转型升级，提升我国产品和服务的国际竞争力。

（三）促进我国欠发达地区实现跨越式发展

从全球地理区位高度看，我国西北地区的新疆，西南地区的云南、贵州、广西，东北地区的吉林、黑龙江等省份是我国的边境省份，这些地区具有建设和发展国际航空货运中转枢纽的先天优势条件。同时，在经济全球化的大背景下，国际航空货运是区域经济融入全球经济的最快捷通道，可成为区域经济跨越式发展的动力源。我国中西部等诸多欠发达地区经济发展相对落后，陆路基础设施薄弱，各类要素资源成本低，通过构建和完善"空中丝绸之路"，发挥航空运输产业链条长、拉动作用强、速度快的优势，引入航空偏好型产业，有利于促进欠发达地区的经济社会跨越式发展，助力其产品和服务"走向全国"和"走向全球"。

（四）能在全球性公共紧急事件中维持全球供应链畅通

近年来，全球性公共卫生事件接连发生，尤其是 2020 年新冠疫情期间，国际航空客运受到重创，客机腹舱载货运力急剧萎缩，给全球物流、供应链以及贸易带来巨大挑战。打造高水平的航空货运枢纽，提升我国国际航空物流服务能力，加快构建广覆盖、强联通的"一带一路"空中通道，一方面有利于保证药品、医疗器械、疫苗以及生活必需品等物资进行快速国际投送，为我国和"一带一路"沿线国家共同抗疫或应对其他应急事件提供有力支撑；另一方面，在全球公共卫生事件导致人流不畅的情形下，可以确保全球生产制造易于航空运输商品的产业供应链畅通，支撑全球经济可持续发展。

二、建设发展现状

（一）我国民航"一带一路"空中通道状况

1. 国际航空运输服务范围不断扩大

"一带一路"倡议提出后，我国积极推进国际航空运输政策协调，加大了对国际航空市场的拓展，国际航空运输影响力逐步提升，国际航空网络覆盖范围进一步增强。航空运输协定方面，截至 2019 年底，我国已经与全球 127 个国家和地区组织签订了航空运输协定，比 2013 年增加 12 个，基本覆盖了全球绝大部分 GDP 和人口，并与东盟签订了首个区域性航空运输协定，为建立和发展我国对外民航关系奠定了较好的法律基础，创造了更加开放自由的民航发展环境。127 个航空运输协定中，亚洲有 44 个（含东盟），非洲有 27 个，欧洲有 37 个，美洲有 12 个，大洋洲有 7 个（见表 3-5）。通航国家和城市方面，截至 2019 年底，定期航班国内通航城市 234 个（不含香港、澳门特别行政区和台湾地区），比 2013 年增加 46 个。我国航空公司国际定期航班通航 65 个国家的 167 个城市，比 2013 年增加 15 个国家和 49 个城市。2019 年内地航空公司定期航班从 30 个内地城市通航香港特别行政区，从 19 个内地城市通航澳门特别行政区，大陆航空公司从 49 个大陆城市通航台湾地区。国际航线数量方面，截至 2019 年底，我国共有定期航班航线 5521 条，国内航线 4568 条，其中港澳台航线 111 条，国际航线 953 条，2019 年定期航班国际航线比 2013 年增加 526 条、增幅 123%。国际航线里程方面，2019 年按重复距离计算的国际航线里程为 445.30 万公里，比 2013 年增加 251.65 万公里、增幅 130%；2019 年按不重复距离计算的航线里程为 401.47 万公里，比 2013 年增加 251.15 万公里、增幅 167%（见表 3-6）。

表 3-5　我国航空运输协定签订数量情况

航空协定数量	2013 年	2019 年	增 加 数 量
总数	115	127	12
亚洲	44	44	0
非洲	23	27	4
欧洲	35	37	2
美洲	9	12	3
大洋洲	4	7	3

数据来源：民航行业发展统计公报。

表 3-6　我国国际通航及航线情况

比 较 维 度	2013 年	2019 年	增 加 数 量	增　幅
定期航班国内通航城市	188	234	46	24%
国际定期航班通航国家	50	65	15	30%
国际定期航班通航城市	118	167	49	42%
国际定期航班航线	427	953	526	123%
按重复距离计算的国际航线里程（万公里）	193.65	445.30	251.65	130%
按不重复距离计算的国际航线里程（万公里）	150.32	401.47	251.15	167%

数据来源：民航行业发展统计公报。

2. "一带一路"国际航空服务成效明显

自 2013 年"一带一路"倡议提出以来，我国积极拓展与"一带一路"沿线国家的民航关系，各大航空公司也加大了"一带一路"沿线市场的运力投放力度，与越来越多的"一带一路"沿线国家实现了直接通航，与沿线国家的航空联系日益密切，在中国国际航空网络中的重要性越来越突出。2019 年，我国已与"一带一路"沿线 64 国中的 62 国签订双边政府间航空运输协定，与东盟签订了首个区域性航空运输协定，实现了与 45 个沿线国家的直航。2018 年夏秋航季，共有 29 家中方航空公司运营自中国至"一带一路"沿线国家 81 个城市的往返定期航线，每周 2849 班，其中客运 2751 班，货运 98 班。

根据《"一带一路"背景下中国国际航空网络的空间格局及演变》的研究，虽然我国国际航线格局仍以亚洲、欧洲和北美洲为主，但"一带一路"倡议提出后，与中国直接通航的沿线国家和城市数量、航线航班数量明显增加，与"一带一路"沿线国家通航情况占比明显提升（见表 3-7）。通航城市方面，2018 年与中国直接通航的"一带一路"沿线国家和城市增加到 40 个和 93 个，"一带一路"沿线通航国家和城市占比由 2013 年的 50.7%、48.9%增加到 2018 年的 55.6%、49.2%。国际航线方面，2018 年，中国与"一带一路"沿线国家间的国际航线由 2013 年的 347 条增加到 2018 年的 579 条、增幅 67%，与"一带一路"沿线国家间的国际航线占比明显提升，由 2013 年的 50.3%提升到 2018 年的 59.6%。国际航班方面，2018 年我国与"一带一路"沿线国家直飞航班的频率由 2013 年的 3868 趟/周增加到 2018 年的 8557 趟/周、增幅高达 121%，与"一带一路"沿线国家间的国际航班频率占比也明显提升，由 2013 年的 40.9%提升到 2018 年的 53.1%。而且新增的"一带一路"国际航班占我国国际航班增加总量的 70.5%。

表 3-7　中国与"一带一路"沿线国家航空联系范围的变化

类　　别	国际直飞航线	2013 年	2018 年	变化量
中国—全球	航线数量/条	690	971	281
	航班频率/（趟/周）	9467	16122	6655
	通航城市数量（境内）/个	58	75	17
	通航国家数量/个	69	72	3
	通航城市数量（国际）/个	174	189	15
中国—"一带一路"沿线国家	航线数量/条	347	579	232
	航班频率/（趟/周）	3868	8557	4689

（续）

类　别	国际直飞航线	2013 年	2018 年	变化量
中国—"一带一路" 沿线国家	通航城市数量（境内）/个	47	69	22
	通航国家数量/个	35	40	5
	通航城市数量（国际）/个	84	93	9
"一带一路"沿线国家占比	航线数量/%	50.3	59.6	9.3
	航班频率/%	40.9	53.1	12.2
	通航城市数量（境内）/%	81.0	89.6	8.6
	通航国家/%	50.7	55.6	4.9
	通航城市数量（国际）/%	48.9	49.2	0.3

（二）我国航空货运市场发展情况

1. 我国航空货运发展概况

随着经济全球化进程的加快，我国航空货运总量发展迅速，潜力很大。从运输规模看，2019 年底，我国货邮运输量达到 753.2 万吨，居世界第二位，约为美国同期水平的 60%。其中，国内货邮运输量 511.2 万吨，占总量的 68%；国际货邮运输量 242 万吨，占总量的 32%。2000 年至今国际货邮运输量占比整体呈上升趋势，在我国各种交通方式完成的进出口货物贸易总量中，民航运量占比仅为 0.016%，但运送货物价值占比达 19%。货邮周转量达到 263.2 亿吨公里，其中国内航线 78.6 亿吨公里，国际航线 184.6 亿吨公里。

从运力结构看，截至 2019 年，全国共有全货机 173 架，占我国全部运输机队 3818 架的 4.5%。其中，国货航（国航）、中货航（东航）、南航货运共有 34 架大型远程飞机；顺丰航空全货机数量最多，共有 61 架，其中大型远程飞机有 2 架 B747。客机腹舱运输依然是我国航空货运的主要运输方式，约占航空货运总量的 2/3 左右，其中国内航线腹舱运量占比高达 82%，国际航线客机腹舱运量占比为 48.6%、全货机运量占比为 51.4%。从国内航空货运网络布局看，形成了以上海、北京、广州、深圳机场为核心枢纽，杭州、郑州、南京等为区域枢纽的货运航空网络格局，其中上海浦东机场为全球第三大货运枢纽。国际货邮吞吐量排名前 5 位的分别是上海浦东、广州白云、北京首都、深圳宝安、郑州新郑机场，贡献了我国国际货邮吞吐总量的近 90%。2019 年我国国际货运通航全球 75 个国家，但仍以周边地区市场为主，远程国际航线主要集中在欧美市场。

从运营收益看，2019 年民航货运收入水平 1.53 元/吨公里，其中国货航（国航）、中货航（东航）、南航货运等传统货运航空公司的业务模式比较单一，单位吨公里收入约 1 元，加之货机机龄长、日利用率不高等导致运营成本高，几乎没有利润空间。顺丰等快递企业的航空货运业务收益水平较高，单位吨公里收入达到 5.19 元，约为行业平均水平的 3.4 倍。

从企业主体看，2019 年全国共有全货运航空公司 9 家，其中顺丰航空有限公司、中国邮政航空有限责任公司、圆通货运航空有限公司 3 家货运航空公司隶属于快递物流企业，其余 6 家为传统的全货运航空公司；航空货运代理企业 4500 家，其中国际航空货运代理企业 2300 家（经国际航空运输协会认可和参与国际结算系统的国际货运代理企业有 500 家），国内航空货运代理企业 2200 家（见图 3-1～图 3-4）。

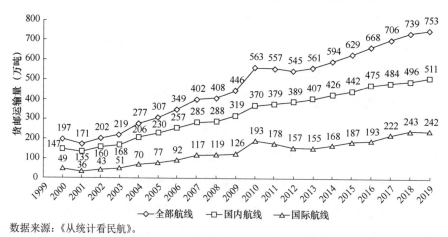

数据来源：《从统计看民航》。

图 3-1　2000～2019 年我国国内和国际航线的货邮运输量

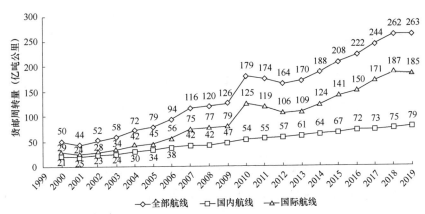

数据来源:《从统计看民航》。

图 3-2 2000~2019 年我国国内和国际航线的货邮周转量

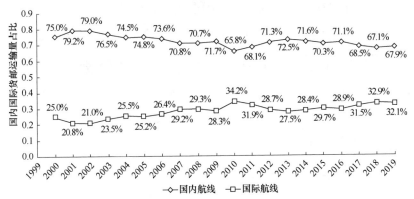

数据来源:《从统计看民航》。

图 3-3 2000~2019 年中国货邮运输量的国内和国际航线占比情况

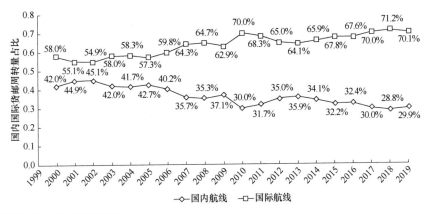

数据来源:《从统计看民航》。

图 3-4 2000~2019 年中国货邮周转量的国内和国际航线占比情况

2. 航空货运市场总体情况

从公司数量来看，近年来，我国全货运航空公司数量增加不多，2013 年 7 家，2019 年增至 9 家，截至 2020 年 9 月增至 10 家。从全货运航空公司情况看，全货运航空公司业务量占全国的比例持续下滑，货邮运输量占比从 2010 年的 31.0% 下滑到 2014 年的最低 21.0%，之后回升到 2017 年的 23.8%；货邮周转量占比也从 2010 年的最高 46.7% 下滑到 2018 年的 26.1%（见图 3-5）。从快递企业主导型的货运航空公司情况看，我国航空货运业出现新的格局变化，顺丰航空、邮政航空、圆通航空等快递企业主导型的货运航空公司发展势头迅猛，业务量占比不断提升，其中货邮运输量占比从 2009 年的 2.6% 增长到 2017 年的 8.8%；货邮周转量占比从 2009 年的 0.9% 增长到 2018 年的 3.2%（见图 3-6）。

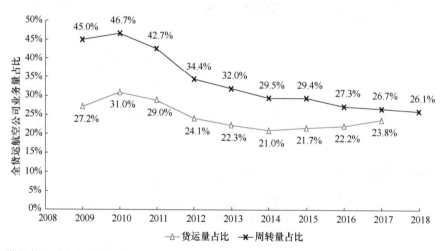

数据来源：《从统计看民航》。

图 3-5　2009～2018 年中国传统全货运航空公司占比情况

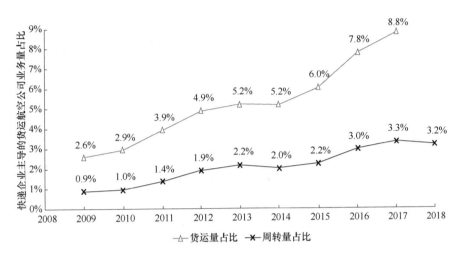

数据来源:《从统计看民航》。

图 3-6 2009~2018 年中国快递企业主导的货运航空公司占比情况

根据 2019 年从民航局发布的航季计划,中国共有 10 家航空公司运营货运航线。从周航班量来看,顺丰航空的周航班量最多,占总货运航班量的 34.66%;其次为中国邮政航空,占 16.5%;金鹏航空排在第 3 位,占 12.44%;友和道通航空排在第 9 位,仅占 3.65%。从机队规模看,顺丰航空拥有 57 架纯波音全货运机队,其中 17 架 B737 系列货运飞机,2 架 B747-400 货运飞机,30 架 B757-200 货运飞机,8 架 B767-300 货运飞机,是国内运营全货机数量最多的货运航空公司。从航线情况看,顺丰航空共执飞 62 条货运航线,通航 46 个航点,其中包含 36 个国内航点、8 个国际航点、2 个地区航点,国内航线网络较为发达,国际主要通向亚洲地区(见图 3-7 和图 3-8)。

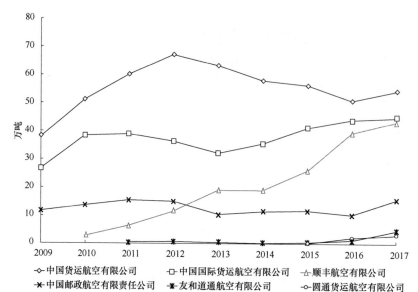

注：2009～2011 年中货航数据为原中货航、长城航空、上海货航之和；由于金鹏航空股份有限公司、东海航空有限公司期间变为客货混运型航空公司，各年份数据将 2 家公司数据扣除。

数据来源：《从统计看民航》。

图 3-7　2009～2017 年中国各全货运航空公司货邮运输量发展对比

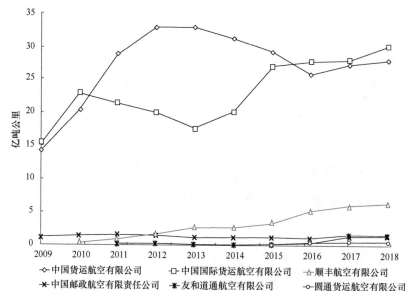

注：2009～2011 年中货航数据为原中货航、长城航空、上海货航之和；由于金鹏航空股份有限公司、东海航空有限公司期间变为客货混运型航空公司，各年份数据将 2 家公司数据扣除。

数据来源：《从统计看民航》。

图 3-8　2009～2018 年中国各全货运航空公司货邮周转量发展对比

3. 我国货运机场发展情况

截至 2019 年底，我国共有颁证运输机场 238 个（不含香港、澳门特别行政区和台湾地区），没有类似孟菲斯、路易斯维尔的专业货运枢纽机场。238 个运输机场中，年货邮吞吐量 10 万吨以上的有 29 个，比 2013 年增加了 7 个机场。排名前 4 位的北京首都、上海浦东、广州白云和深圳宝安 4 个机场货运吞吐量占全国的比例为 51.4%，排名前 10 位的机场货运吞吐量占全国的比例为 69.8%，排名前 30 位的机场货运吞吐量占全国的比例为 92.1%，相比 2013 年集中度有所下降。

2019 年货邮吞吐量排名前 30 位的机场中，2010～2019 年期间，货邮吞吐量年均增长率超过 10% 的机场有杭州萧山、郑州新郑、西安咸阳、武汉天河、无锡硕放、南昌昌北、南宁吴圩、三亚凤凰 8 个机场，高于全国货邮吞吐量年均增速且低于 10% 的机场有重庆江北、南京禄口、青岛流亭、长沙黄花、海口美兰、乌鲁木齐地窝堡、哈尔滨太平、济南遥墙、福州长乐、贵阳龙洞堡和宁波栎社 11 个机场，上海浦东、北京首都年均增长率仅为 1.5%、2.9%。特别值得一提的是，郑州新郑机场受益于国家级航空港综合经济实验区的国家战略实施，其年货邮吞吐量由 2010 年的 8.6 万吨增长到 2019 年的 52.2 万吨，年均增速高达 25.3%，全国排名由 2010 年第 21 位上升到 2019 年第 7 位，航空货运业发展成就极为突出（见表 3-8）。

表 3-8　2019 年中国货邮吞吐量排名前 30 位的机场发展情况

机　　场	2019 年排名	2019 年份额	2010～2019 年均增长率	年货邮吞吐量（万吨）	
				2010 年	2019 年
上海浦东	1	21.3%	1.5%	322.8	363.4
北京首都	2	11.4%	2.9%	155.1	195.5
广州白云	3	11.2%	6.7%	114.4	192.0
深圳宝安	4	7.5%	5.9%	80.9	128.3
杭州萧山	5	4.0%	11.8%	28.3	69.0
成都双流	6	3.9%	5.7%	43.2	67.2

（续）

机 场	2019 年排名	2019 年份额	2010～2019 年均增长率	年货邮吞吐量（万吨）	
				2010 年	2019 年
郑州新郑	7	3.1%	25.3%	8.6	52.2
上海虹桥	8	2.5%	−1.6%	48.0	42.4
昆明长水	9	2.4%	5.4%	27.4	41.6
重庆江北	10	2.4%	9.7%	19.6	41.1
西安咸阳	11	2.2%	11.7%	15.8	38.2
南京禄口	12	2.2%	6.0%	23.4	37.5
厦门高崎	13	1.9%	3.8%	24.6	33.1
青岛流亭	14	1.5%	5.8%	16.4	25.6
武汉天河	15	1.4%	10.4%	11.0	24.3
天津滨海	16	1.3%	1.4%	20.2	22.6
沈阳桃仙	17	1.1%	5.7%	12.4	19.2
长沙黄花	18	1.0%	6.2%	10.9	17.6
海口美兰	19	1.0%	8.5%	9.2	17.6
大连周水子	20	1.0%	2.7%	14.1	17.4
乌鲁木齐地窝堡	21	1.0%	7.7%	9.5	17.3
无锡硕放	22	0.8%	12.4%	5.7	14.5
哈尔滨太平	23	0.8%	8.4%	7.1	13.6
济南遥墙	24	0.8%	8.5%	7.0	13.5
福州长乐	25	0.8%	6.5%	7.9	13.1
南昌昌北	26	0.7%	18.1%	3.2	12.3
南宁吴圩	27	0.7%	10.3%	5.6	12.2
贵阳龙洞堡	28	0.7%	8.7%	6.2	12.0
宁波栎社	29	0.6%	8.3%	5.6	10.6
三亚凤凰	30	0.6%	10.4%	4.5	10.0

数据来源：民航机场生产统计公报。

三、困难与问题

（一）航空货运枢纽发展基础较弱

航空货运枢纽在高时效物流中承担着货物集散、调度指挥、信息集散等综合性中枢职能。我国航空货运枢纽发展基础较弱，制约着我国航空货运的专业化发展，较难成为全球航空要素的集聚整合中心。

1. 现有机场货运保障水平有待提高

一是地面运行"重客轻货"。现有绝大部分机场受传统重客轻货认识影响，在规划布局和资源配置上优先客运，没有充分考虑建设现代化货运设施及物流园区的发展需要。飞行区、货站区、物流园、口岸功能区、其他交通方式等各区域间没有紧密布局，相距较远，难以实现高效衔接，导致飞机地面滑行和货物地面操作处理时间过长，这种问题在大型机场尤为突出，无法适应航空物流的高时效要求。二是我国有不少大中型机场货运发展空间受限。不少大型机场容量饱和，机场和空管保障单位长时间超负荷运转，甚至导致我国时常在航权谈判中处于不利地位；部分大中型机场的航空货运区改扩建空间受限，进一步制约了这些机场航空货运业务的发展空间。三是货运设施发展滞后。我国机场的航空货站、转运中心等航空货运设施整体以人工操作为主，自动化、数字化、智能化程度低，即便是航空货运比较发达的上海浦东机场，其货物处理设施的自动化、智能化水平以及货物处理效率，与香港机场超级货站、孟菲斯机场的 FedEx 超级货运中心以及路易斯维尔机场的 UPS 世界港相比，仍有不小的差距。

2. 专业航空货运枢纽较少

2019 年与 2013 年相比，全球货邮吞吐量前 20 位机场中，我国大陆地区有上海浦东（排名第 3 位，不变）、北京首都（排名由第 13 位降至第 16 位）、广州白云（排名由第 18 位升至第 17 位）3 个机场上榜，港澳台为香港机场（排名第 1 位，不变）、台北桃园机场（排名由第 15 位升至第 10 位）。2019 年，美国依旧是 6 个机场进入前 20 强，分别是孟菲斯、路易斯维尔、安克雷奇、洛杉矶、迈阿密和芝加哥。从中美两国对比来看，我国（含港澳台）货邮吞吐量较大的机场都是客货综合航空枢纽，而美国货邮吞吐量前 3 名的孟菲斯、路易斯维尔和安克雷奇 3 个机场都是主要服务于快递物流企业的专业航空货运枢纽，后 3 名则是客货综合航空枢纽（见表 3-9）。

专业航空货运枢纽的缺乏，加之传统客货综合枢纽效率不高、保障能力不强、发展空间受限，导致我国航空货运企业主要以城市对直飞为主，难以形成枢纽辐射式货运航线网络结构，航空物流难以实现规模化和专业化经营，运作效率、服务质量特别是时效难以得到显著改善，无法为我国快递物流企业和航空物流企业做大做强提供有力的支撑，也无法打造高效率、广覆盖的国际货运航线网络，以支撑"一带一路"空中贸易通道建设。为此，有必要从国家战略高度加强统筹，借鉴国际航空货运枢纽发展经验，立足我国机场布局和发展实际，多模式、多途径加快建设一批具有国际竞争力的航空物流枢纽。

表 3-9　2013 年与 2019 年全球机场货邮吞吐量排名（前 20 名）

排名	机　　场	2013 年货邮吞吐量（万吨）	机　　场	2019 年货邮吞吐量（万吨）
1	香港，HKG	416.6	香港，HKG	480.9
2	孟菲斯，MEM	413.8	孟菲斯，MEM	432.3
3	上海浦东，PVG	292.9	上海浦东，PVG	363.4
4	仁川，ICN	246.4	路易斯维尔，SDF	279.0
5	迪拜，DXB	243.6	仁川，ICN	276.4
6	安克雷奇，ANC	242.1	安克雷奇，ANC	274.5
7	路易斯维尔，SDF	221.6	迪拜，DXB	251.5
8	法兰克福，FRA	209.4	多哈，DOH	221.6
9	巴黎戴高乐，CDG	206.9	洛杉矶，LAX	218.3
10	东京成田，NRT	202.0	台北桃园，TPE	218.2

（续）

排名	机　场	2013 年货邮吞吐量（万吨）	机　场	2019 年货邮吞吐量（万吨）
11	迈阿密，MIA	194.5	东京成田，NRT	240.4
12	新加坡樟宜，SIN	188.6	巴黎戴高乐，CDG	210.2
13	北京首都，PEK	184.4	迈阿密，MIA	209.2
14	洛杉矶，LAX	174.7	法兰克福，FRA	209.1
15	台北桃园，TPE	157.2	新加坡樟宜，SIN	205.7
16	阿姆斯特丹史基辅，AMS	156.6	北京首都，PEK	195.8
17	伦敦希思罗，LHR	151.5	广州白云，CAN	192.2
18	广州白云，CAN	131.0	芝加哥奥黑尔，ORD	175.8
19	纽约，JFK	129.5	伦敦希思罗，LHR	167.3
20	曼谷，BKK	123.6	阿姆斯特丹史基辅，AMS	159.2

数据来源：国际机场协会。

（二）我国市场主体国际竞争力不强

2019 年中国民航完成货邮运输量 753.2 万吨，居世界第二位，约为美国同期水平的 60%，比 2013 年有大幅提升。从 2010～2019 年期间的国内交通运输发展状况看，民航货运量年均增速仅 3.7%，低于全国货运量年均增速 4.8% 的水平，在国家交通货运量结构中的比重从 2012 年的 0.013% 逐步回升至 2019 年的 0.016%；民航货运周转量年均增速 4.9%，高于全国货运周转量 4.3% 的年均增速，在货运周转量结构中的比重从 2012 年的 0.094% 逐步回升至 2019 年的 0.132%，说明民航在中长距运输中发挥着越来越重要的作用，但依旧低于美国约 0.33%、日本约 0.19% 的水平，我国民航货运在交通物流体系中的地位有待提升（见表 3-10）。从国际货运市场看，2019 年我国在国际航线上的航空货运市场份额仅为 34%，我国航空货运市场主体在国内和国际交通物流市场的竞争力都不强，突出表现在以下方面：

表 3-10　2010～2019 年中国各交通运输方式的货运结构

年份	货运量（%）				货物周转量（%）			
	铁路	公路	水运	民航	铁路	公路	水运	民航
2010	11.2	75.5	11.7	0.017	19.5	30.6	48.2	0.126
2011	10.6	76.3	11.5	0.015	18.5	32.2	47.3	0.109
2012	9.5	77.8	11.2	0.013	16.8	34.3	47.0	0.094
2013	9.7	75.1	13.7	0.014	17.4	33.2	47.0	0.101
2014	9.2	74.7	14.4	0.014	15.2	31.3	51.1	0.103
2015	8.0	75.4	14.7	0.015	13.3	32.5	51.5	0.117
2016	7.6	76.2	14.5	0.015	12.7	32.7	52.2	0.119
2017	7.7	76.7	13.9	0.015	13.7	33.8	50.0	0.123
2018	7.8	76.8	13.6	0.014	14.1	34.8	48.4	0.128
2019	9.2	73.0	15.9	0.016	15.1	29.9	52.2	0.132

数据来源：《中国统计年鉴》。

1. 航空货运相关企业规模较小

（1）业务规模偏小

航空货运企业方面，我国国内航空货运承运人的国际竞争力非常薄弱。根据国际航空运输协会《2018 年世界航空运输统计》，受益于庞大的国内市场，我国大陆（不含港澳台）有 9 家航空公司进入全球航空公司国内货运量前 25 强（见表 3-11），其中顺丰航空和中国邮政航空两家属于快递物流企业旗下的货运航空公司。但全球航空公司国际货运量前 25名，我国（不含港澳台）仅国航和南航上榜，而且排名比较靠后，仅排第 18 位和 24 位，国航 2018 年国际货运量 71.7 万吨，仅为第 1 位阿联酋航空的 1/4 多点。由于国际市场份额少，综合国内、国际货运总量看，我国（不含港澳台）仅国航（第 8 位）、南航（第 9 位）东航（第 21 位）3大航进入全球航空公司货运总量前 25 名。

表 3-11 2018 年全球航空公司货运量排名（前 25 名）

国际货运量（万吨）排名			国内货运量（万吨）排名			总货运量（万吨）排名		
1	阿联酋航空	260.9	1	FedEx	540.6	1	FedEx	756.5
2	卡塔尔航空	226.2	2	UPS	320.7	2	UPS	475.5
3	FedEx	215.9	3	南航	78.7	3	阿联酋航空	260.9
4	国泰航空	182.8	4	国航	73.1	4	卡塔尔航空	226.2
5	UPS	154.8	5	东航	50.8	5	国泰航空	182.8
6	中华航空	151.2	6	顺丰航空	46.6	6	韩亚航空	157.4
7	大韩航空	151.0	7	全日空航空	42.9	7	中华航空	151.2
8	土耳其航空	130.2	8	亚特拉斯航空	39.0	8	国航	144.8
9	新加坡航空	116.7	9	英国国际空运	38.3	9	南航	138.3
10	汉莎航空	96.9	10	日本航空	34.3	10	土耳其航空	136.9
11	韩亚航空	93.3	11	深圳航空	32.5	11	全日空航空	125.8
12	卢森堡货航	85.0	12	海南航空	31.4	12	新加坡航空	116.7
13	全日空航空	82.9	13	美国 ABX 航空	30.1	13	亚特拉斯航空	111.5
14	极地货运航空	78.8	14	印尼鹰航	24.8	14	汉莎航空	97.7
15	亚特拉斯航空	72.6	15	厦门航空	22.6	15	韩亚航空	96.9
16	空桥货运航空	72.4	16	南美航空	22.5	16	卢森堡货航	85.0
17	阿提哈德航空	71.9	17	CargoJet 航空	22.2	17	南美航空	83.1
18	国航	71.7	18	卡利塔航空	19.6	18	卡利塔航空	82.8
19	长荣航空	64.8	19	IndiGo 航空	18.0	19	极地货运航空	82.6
20	泰国航空	64.4	20	中国邮政航空	17.5	20	日本航空	75.4
21	卡利塔航空	63.2	21	山东航空	16.4	21	东航	73.0
22	英国航空	62.3	22	印度蓝镖航空	13.4	22	空桥货运航空	72.4
23	南美航空	60.6	23	越南航空	12.7	23	阿提哈德航空	71.9
24	南航	59.6	24	印度捷特航空	12.3	24	泰国国际航空	66.9
25	沙特阿拉伯航空	56.9	25	达美航空	11.9	25	长荣航空	64.8

数据来源：国际航空运输协会。

航空货运代理企业方面，我国航空货运代理企业数量庞大，但普遍规模不大，国际竞争力不强。截至 2020 年 9 月，根据民航局统计，我国共有航空货运代理企业 4500 家，其中国际航空货运代理企业 2300 家（经国际航协认可和参与国际结算系统的国际货运代理企业有 500 家）、国内航空货运代理企业 2200 家。按代理航空货运量计算，全球航空货运代理企业前 25 名中，我国大陆地区仅中国外运一家公司上榜，仅排第 12 位（其排名尚不及瑞士和丹麦的两家企业），我国香港则有 2 家上榜，台湾有 1 家上榜。而同期美国有 6 家、日本有 4 家、德国有 4 家进入前 25 强（见表 3-12）。

表 3-12　2019 年全球航空货运代理企业排名（前 25 名）

排名	公 司 名 称	代理货运量（万吨）	总部所在国家
1	DHL Supply Chain & Global Forwardin	205.1	德国
2	Kuehne + Nagel	164.3	瑞士
3	DB Schenker	118.6	德国
4	DSV Panalpina	107.1	丹麦
5	UPS Supply Chain Solutions	96.6	美国
6	Expeditors	95.5	美国
7	Nippon Express	75.3	日本
8	Bollore Logistics	63.4	法国
9	Heilmann Worldwide Logistics	58.7	德国
10	Kintetsu World Express	56.7	日本
11	Apex Logistics International	52.0	中国
12	中国外运 Sinotrans	50.2	中国
13	CEVA Logistics	41.6	瑞士
14	Agility	42.2	科威特
15	Kerry Logistics	40.9	中国
16	Yusen Logistics/NYK Logistics	33.5	日本
17	DACHSER	33.0	德国
18	Crane Worldwide Logistics	32.0	美国
19	GEODIS	30.8	法国
20	FedEx Logistics	26.3	美国
21	NNR Global Logistics	26.0	日本
22	Hitachi Transport System	26.0	日本
23	Pilot Freight Services	24.0	美国
24	Dimerco Express Group	21.3	中国
25	C.H. Robinson	21.0	美国

数据来源：国际航空运输协会。

（2）运力短板突出

截至 2020 年 10 月，根据各公司及互联网数据统计，我国共有全货机约 175 架,前 3 名分别为顺丰航空、邮政航空、国货航,货机机队中有 20 架 B747、26 架 B777、8 架 B767、52 架 B767、61 架 B737、8 架 B767、7 架 A300、1 架新舟 600,174 架为 B737 及以上级别的货机。从总量来看,我国货机的数量依然比较少,全国货机总数仅为全球快递物流巨头 FedEx 的 1/4,即便只算 B737 及以上机型,也不到 FedEx 的 1/2。从单个公司看,我国最大的货运公司公司顺丰航空机队规模尚不足 FedEx 的 1/10,差距很大(见表 3-13)。

表 3-13　中国与国外大型航空货运航空公司机队规模对比

类　别	公 司 名 称	机队	机 型 构 成
国外 货运航空公司	FedEx	679	自有 646 架,租赁 33 架 自有包括 40 架 B777F、49 架 MD11、13 架 MD10-30、12 架 MD10-10、86 架 B767F、46 架 A300-600、119 架 B757-200、21 架 ATR42、24 架 ATR72、235 架 Cessna208B
	UPS	561	自有或融资租赁 267 架 经营租赁或包机 294 架
	卢森堡航空 CargoLux	20	20 架 B747
国内 货运航空公司	国货航	15	3 架 B747、8 架 B777、4 架 B757
	东航物流	9	3 架 B747、6 架 B777
	顺丰航空	58	2 架 B747-400、8 架 B767、31 架 757、17 架 B737
	邮政航空	30	20 架 B737、10 架 B757
	友和道通航空	13	6 架 B747、7 架 A300
	圆通航空	12	7 架 B737、5 架 B757
	龙浩航空	6	6 架 B737
	中航货运航空	3	2 架 B757、1 架新舟 600
	南航货运	14	12 架 B777、2 架 B747
	金鹏航空	15	11 架 B737、4 架 B747
	总计	175	20 架 B747、26 架 B777、8 架 B767、52 架 B767、61 架 B737、8 架 B767、7 架 A300、1 架新舟 600

数据来源:根据各公司网站、年报或互联网数据收集,中国货机总数与民航局统计有出入。

（3）对接全球市场能力不强

截至 2019 年底，我国航空公司国际定期航班通航 65 个国家的 167 个城市，与阿联酋迪拜机场（通航 270 个城市）、仁川机场（通航 173 个城市）仍有差距，FedEx 更是全球 650 个机场开展运营。2018 年，我国已与"一带一路"沿线 65 个国家和地区中的 62 个签署了双边航空协定，但仅与其中的 43 个实现了直航；2019 年，我国航空公司开通非洲的国际航线仅 9 条，南美洲的航线为 2 条，我国客运航空公司主要经营东北亚、东南亚、欧洲和北美等传统航空市场，非洲、南美洲的客运航线极少。我国最大的货运航空公司顺丰航空至 2020 年 10 月也仅开通 21 条国际货运航线，主要集中在东北亚、东南亚、南亚、中亚和欧洲地区，至今没有开通北美、南美、中东、非洲等地区的国际货运航线。如此少的国际航线覆盖与我国庞大的经贸需求不相称。

从企业海外布局对比情况来看，美国 FedEx 在广州白云机场建设了其亚太转运中心，并在我国北京首都、上海浦东、深圳宝安、广州白云、杭州萧山等机场都开展航空货运服务（2019 年每周 220 个货运航班），在中国区拥有 82 个分公司、近 90 个地面操作站、2700 辆运输车辆。而我国快递物流企业并未在海外布设转运中心，在海外市场的布局明显落后于欧美等国家的快递物流巨头。

2. 航空货运发展模式仍显滞后

一方面，传统货运企业同质化竞争严重。近年来，东航物流混改以来，通过商业模式创新促进企业转型发展，推出干仓配一体化和提供综合物流解决方案等服务。但传统航空货运企业仍主要提供"机场到机场"的干线空运服务，自身缺乏货源支撑，对空运代理企业和快递物流企业的依赖性比较强，导致商业模式单一、同质化竞争严重、收益水平低下等突出问题。2019 年国货航（国航）、中货航（东航）、南航货运等业务模式比较单一，单位吨公里收入在 1 元左右，加之货机机龄长、日利用率不高等导致运营成本高。顺丰等快递企业的航空货运业务收益水平较高，单位吨公里收入达 5.19 元，远高于传统货运航空公司。

另一方面，快递物流企业、传统货运企业及航空货代企业间需要战略合作。近年来，顺丰、圆通等快递物流企业为打造高时效快递物流业务，更倾向于自设航空货运企业，虽然对提升自身竞争力和改善服务质量发挥了重要作用，但也导致传统航空货运企业市场地位下滑、货源和人才流失等问题。还有就是，传统客运航空公司拥有充足的腹舱运力、国内国际航线网络、市场营销及海外各类人力资源，双方仅仅是简单的"你付费、我运货"委托关系，在市场营销、改善服务、拓展网络特别是国际航线网络方面并没有利用互补优势开展深度战略合作。在航空货代企业与传统航空货运企业间、与地面运输企业间，相互之间的客户资源优势和各种运力资源优势没有通过股权合作、战略合作等方式实现合作共赢。为此，需要加强航空货运企业与快递物流企业、航空货代企业间及地面运输企业间的战略合作，才能解决航空货运分段经营、分段运输、时效不高等问题。

（三）拓展国际市场力度亟须加强

1. 全球枢纽资源布局滞后

在全球布局航空货运枢纽资源是国际航空物流巨头打造全球航空货运网络的普遍选择。国际航空货运和快递巨头通过股权投资、建设货运设施、利用航权大力开通航线等方式加快进入我国货运市场。例如，Fedex、UPS、汉莎、大韩航空、全日空等 40 多家国外货运航空公司已在我国开展航空货运物流业务。例如，2011 年汉莎货运投资建设了上海浦东国际机场货运站等；2009 年 FedEx 在广州白云机场建成投运亚太快件转运中心；UPS 上海浦东国际转运中心于 2008 年投入运营；DHL 也在浦东机场建立北亚枢纽（见表 3-14）。形成反差的是，由于我国航空货运企业国际竞争力不强，无法利用对等航权在海外相关国家进行航空货运枢纽资源的战略布局，虽然国航、东航、南航三大国有航空公司在国外有所布局，但以布局航空客运资源为主，与国内快递物流企业间缺乏国际市场拓展上的战略协同。

表 3-14　三大国际航空物流巨头在我国机场布局情况

运转中心	UPS		FedEx			DHL	
	深圳亚太运转中心	上海国际运转中心	广州亚太转运中心	中国转运中心	上海国际快件和货运中心	上海东北亚枢纽中心	香港中亚区枢纽中心
运营时间	2010 年	2010 年	2009 年	2007 年	2018 年	2012 年	2008 年
机场	深圳宝安	上海浦东	广州白云	杭州萧山	上海浦东	上海浦东	香港机场
面积（m²）	90 000	96 000	82 000	9300	134 000	88 000	35 000
小时处理能力	1.8 万件	1.7 万件	2.4 万件	0.9 万件	3.6 万件	4 万件	7.5 万件

2. 国内外航空货运间的深度合作少

2014 年，河南航投出资并购欧洲最大的全货运航空公司——卢森堡货航 35% 的股权，成为第一大股东，这是我国企业在航空货运领域的海外并购第一例；双方并于 2017 年计划合资成立本土货运航空公司，在共享网络资源、共享技术、打造洲际货运航线网络方面开展合作。但目前我国航空货运相关企业"走出去"拓展国际市场方式仍较为单一，类似于河南航投投资卢森堡货航的海外股权投资和战略合作很少。在全球快递物流格局和航空货运市场结构基本稳定的大背景下，我国企业需要多采用股权投资和战略合作等手段"走出去"拓展国际市场。

四、完善"一带一路"空中通道的政策建议

深入研究全球物流行业发展趋势，充分借鉴发达国家航空物流发展经验，立足我国交通物流和民航发展实际，扭转"重客轻货"观念，在航空货运领域践行"创新、协调、开放、共享"等发展理念，以"建设一流的航空货运枢纽、培育强大的航空物流企业、提供卓越的保障支持服务、促进广泛的国内国际合作、制定有力的协同政策支持"五方面措施为主要抓手，加快打造"安全高效、协同合作、共赢发展、内外畅通"的"一带一路"空中贸易通道，形成"'一带一路'123快货物流圈"（国内1天送达、周边国家2天送达、"一带一路"主要城市3天送达），为构建国内国际双循环相互促进的新发展格局提供有效支撑。

（一）建设一流的航空货运机场体系

1. 形成多样化有层次的航空货运机场体系

结合"一带一路"倡议，借鉴国际航空货运枢纽机场发展经验，为构建和完善"一带一路"空中通道，需要打造多样化、有层次的航空货运机场网络体系。一方面，高标准建设国际和国内航空货运枢纽。重点在具有国际或地区性区位优势和综合交通条件好的地区，基于大型快递物流企业发展需求，灵活选择建设发展途径，着力建设和发展一批战略定位高、服务功能强、辐射范围广、交通衔接好的客货综合航空枢纽和几个专业航空货运枢纽（见表3-15），以服务于国际和国内航空货运转运需要。另一方面，推进全国机场航空货运升级改造。由于航空货运网络覆盖全国所有民用运输机场，在加快航空货运枢纽建设与升级改造的同时，还要统筹推进全国其他非航空货运枢纽机场的货运设施升级改造和

服务提升，以全面提升我国航空货运地面运作效率，为航空货运枢纽发挥好"喂给"和"疏送"作用。

表 3-15　典型国内航空货运枢纽

类　　型	建　设　途　径	典　型　机　场	主要服务区域或功能定位
客货综合航空枢纽	1. 既有客货综合枢纽升级改造 2. 新建客货综合枢纽	首都和大兴机场	京津冀地区；全球
		上海浦东机场	长三角地区；全球
		杭州萧山机场	长三角地区；全球
		深圳宝安机场	珠三角地区；全球
		广州白云机场	珠三角地区；全球
		西安咸阳机场	中西部地区；欧洲
		昆明机场	西南地区；东南亚、南亚
		成都机场	西南地区；东南亚、南亚
		重庆机场	西南地区；东南亚、南亚
		乌鲁木齐机场	新疆；欧亚非
		哈尔滨机场	黑龙江；东北亚、北美
		潍坊机场	国内区域市场
专业航空货运枢纽	1. 中小型机场转为航空货运枢纽 2. 新建专业航空货运枢纽机场	鄂州机场（2022 年 7 月投运）	顺丰速运专用；国内国际
		嘉兴机场（意向）	圆通速递专用；国内国际
		苏南硕放机场（意向）	京东物流专用；国内国际

2. 多途径建设和发展航空货运枢纽机场

建议结合我国机场发展实际和国内外航空货运枢纽建设发展经验，以市场需求为导向，可灵活选择四种模式建设和发展我国航空货运枢纽：一是既有客货综合枢纽升级改造。既有枢纽机场存在航空货运智能化水平不高、运行效率低下、货物地面处理时间过长等突出问题，对此类机场货运通过布局优化、设施改造、装备升级、流程改进、智能应用等措施，以显著提升此类机场的货运保障能力和服务质量。二是中小型机场转为航空货运枢纽。考虑到当前我国大部分地级市都已经建有运输机场，这其中很多中小型机场容量富余，因此应鼓励大型快递物流企业选择具有地理区位优势、综合交通条件较好、有一定产业基础、机场扩建和周边土地空间充足的中小型机场，建设现代化航空货站或转运中心，从而可更快速、更经济地打造专业航空货运枢纽。三是新建专业航空货运枢纽机场。如果既有机场无法满足大型航空物流企业的长远发展需要，也应鼓励大型快递物流企业与地方政府在具有区位优势的地区联合新建航空货运枢纽机场，以打造国际或区域性专业航空货运枢纽。四是新建客货综合枢纽。目前，我国有不少大型城市的机场超负荷运转且发展空间受限，建设新机场成为这些城市的普遍选择。考虑到老机场货运功能效率低下，在规划建设新机场时应高度重视航空货运发展需求，将新机场定位为客货综合枢纽甚至是专业航空货运枢纽机场。

3. 推进建设高质量航空货运枢纽基础设施

航空货运枢纽基础设施包括飞行区、货运区、保税区、周边物流园区及产业园区，还包括衔接各个区域的场内外道路设施，甚至还可能涉及铁路设施，运行上涉及机场管理机构、空中交通管理机构、航空货运地面服务企业、航空物流企业、口岸等诸多部门，这就要求必须建设高质量的航空货运枢纽基础设施，以保障航空物流安全高效运行。一是优化航空货运枢纽总体布局。充分借鉴国内外优秀航空货运枢纽规划建设经验，优化航空货运输枢纽的设施总体布局，注重机场与周边物流园区以及产业园区、航空运输与其他交通方式、飞行区与航空货站（转运中心）、航空货站（转运中心）与口岸服务区域的高效衔接和一体化布局，集中化、模块化布局航空货运相关地面设施，以切实提升航空货运的地面运作效率。二是构建高效的货运陆路交通设施。按照"客货分离、进出分离、单向循环、集疏高效"的原则建设或优化航空货运枢纽的道路系统，建设场内外货运专用快速通道，并做好航空与高速公路、铁路、水运在基础设施、信息系统、安全检查、卫生检疫等方面的高效衔接，以畅通场内场外地面货运双循环，为实现高效的货物集疏运以及多式联运奠定基础。三是建设智能航空货物地面处理设施。引入大型航空物流企业，在优化设施总体布局的基础上，广泛应用各类先进物流技术，建设或升级改造航空货站、转运中心、仓储、冷链物流、口岸服务设施等现代化航空货运设施，推进货物地面处理设施智能化发展。四是建设高标准航空安全设施。高标准规划建设飞行安全设施和货运安保设施，以确保航空货运枢纽机场全天候开放，保障航空货运安全可靠运行。

4. 有序打造航空货运枢纽经济生态

遵循航空枢纽经济发展规律，打造航空货运枢纽与区域经济发展相互融合、相互促进的货运枢纽经济生态体系，发挥航空货运枢纽在集聚高端产业、增强供应链、发展区域经济以及提高国家竞争力方面的重要作用。一方面，要注重统筹规划。对航空货运枢纽与临空经济区进行统筹规划，按照节约集约发展理念，推进"多规合一"，做好发展空间预留，以总体规划为指导，稳步有序推动航空货运枢纽和临空经济区开发建设。另一方面，引导发展临空指向型高端产业。充分利用航空货运枢纽的引擎带动作用，引导和推进具有"高科技、高时效、高附加值"特征的现代物流业、高端制造业和现代服务业集聚发展，推动产业创新升级，形成以航空物流为基础、航空关联产业为支撑的高端产业体系；同时，充分利用产业集聚和综合服务功能提升，提升航空货运枢纽的综合保障能力和服务质量，从而实现航空货运枢纽服务向更大范围、更广领域、更深层次进行延伸和拓展。

（二）培育强大的航空物流企业

1. 多元化发展壮大国际航空物流企业

从国内外经验来看，航空物流企业巨头通常具有强大的货源组织、全程运输、科技创新和资本运作能力，拥有深厚的合作关系网络，通常以几个核心的母国和海外航空货运枢纽为中枢，构建覆盖全球的航空物流网络体系，是全球高时效、高附加值物流市场的主导性力量。

壮大国际航空物流企业可主要通过以下路径：一是以快递物流企业为主导发展航空货运。借鉴美国的 FedEx 和 UPS 等国际快递物流巨头发展航空货运的经验，大力支持国内提供"门到门"服务的大型快递物流企业，自主发展全货运航空公司，逐步壮大全货机机队规模、以航空货运枢纽为中枢构建中枢轮辐式货运航线网络，以支撑母公司打造高时效物流服务的需要。二是传统航空货运企业向综合物流转型发展。鼓励传统航空货运企业向货运集成商和物流企业转型发展，打造天地合一、提供综合物流服务的航空物流产业链。三是内涵与外延相结合促进航空物流产业的国内国际融合发展。从国内来看，可以鼓励现有的传统货运航空公司和航空公司的货运部门间加快资源整合力度，并借助国有企业混合所有制改革契机，与国内大型快递物流企业、航空货运代理企业、无机承运人灵活选择运营合作、战略联盟、股权合作、并购重组、混合所有制改革等方式，实现规模化、网络化、专业化发展，以打造具有全球竞争力、服务全球的超级航空物流企业，并规范航空货运代理市场秩序，打造若干覆盖全球的超级货运代理服务商。从全球来看，需要通过对外并购、合资联营以及货物联运、航线联营等战略合作在内的多种"外延"增长方式拓展国际市场，通过内涵与外延增长相结合扩大规模和做深做精，以逐步健全国际航空货运服务网络。

2. 构建互联互通的国际空中丝绸之路

"一带一路"空中贸易通道的构建，需要结合我国《交通强国建设纲要》提出的构建"全球 123 快货物流圈"（国内 1 天送达、周边国家两天送达、全球主要城市 3 天送达）的总体目标，以大型国际航空物流企业为主体，稳步有序构建互联互通的国际空中丝绸之路：一是互补用好客机腹舱和全货机"两种资源"。二是布局和依托"两种枢纽"。以客货综合航空枢纽和专业航空货运枢纽"两种枢纽"为主基地，利用大中型飞机打造"枢纽对枢纽"、频次更高、服务更便捷的骨干国际航空货运航线，加快形成覆盖"一带一路"的"中枢轮辐式"国际航空货运网络。对于货源较为充足的国内外城市间，也应根据经营构建灵活的"城市对"国际航线网络。三是稳步有序开拓国际航线。加大"一带一路"航线运力投入，鼓励国内大型航空物流企业充分利用航权，立足市场需求，有针对性增加国际通航点、增辟"一带一路"国际航线，扩大国际航空物流服务覆盖范围，有力支撑"一带一路"国际贸易。

3. 推动国际航空物流服务迭代创新

一是向提供综合物流服务创新发展。航空物流企业要从拥有飞机向拥有客户转变，协同国内外物流产业合作伙伴，集成航空运输、地面运输、多式联运、货站操作、分拣中转、仓储包装、取货配送、口岸服务等全部环节，为客户提供"门到门"的全程物流服务，实现货物运输"一单到底、物流全球、货畅其流"。二是提供专业化物流解决方案。航空物流企业要结合自身实际和网络覆盖区域，聚焦选择航空快件、跨境电商、冷链物流、危险品等专业细分物流市场，根据不同行业供应链的性质和需求定制化服务流程，简化物流环节，缩短物流周期，提高物流效率，不断为货主或其他物流企业提供更加专业化的物流解决方案。三是探索发展国际多式联运。在综合交通关键节点上，国内航空物流企业可大胆进行物流商业模式创新，与国内外的物流企业深度开展空铁、空陆、空水等无缝衔接、中转高效的国内国际多式联运服务。例如，国内航空物流企业可在国内中欧班列枢纽城市，依托中欧班列和航空货运打造新型的"一带一路"国际物流服务，以服务于国内、日韩及东南亚地区。

（三）提供卓越的保障支持服务

1. 持续提升机场安全、效率和服务水平

一方面，深化机场管理体制改革。以提升机场安全和运行效率为导向，鼓励机场灵活选择各类管理体制，或通过混合所有制改革等方式激发机场企业活力，提升机场管理水平，为航空货运企业提供优质高效的专业化服务。另一方面，完善航空货运枢纽运行协调机制。调动相关单位积极性，持续完善航空货运枢纽机场的货运协同决策和运行机制，确保航空货运业务高效运行。重点在航空货运枢纽机场推进大数据、云计算、物联网、（移动）互联网等新一代信息技术与机场运行和航空货运流程的高度融合，实施机场运行和航空货运设施的管理信息化、自动化和智能化，建立以大数据为支撑的航空货运运行和决策支持体系，推动建设精细化、专业化管理的"智慧机场"和"智慧物流"。统筹推进机场多跑道运行、地面便捷滑行和低能见度运行等模式研究和实施，实现机场高效运行。此外，航空货运枢纽机场还应优化机场及周边货运地面交通网络建设及运输组织方案。

2. 引入竞争提升航空货运地面服务质量

通过放开准入、改善管理等手段，推动航空货运地面服务质量提升：一方面，鼓励航空物流企业通过租赁、特许经营、PPP或自购机场土地等方式，建设自己专用的航空货运地面设施。另一方面，对于机场自主经营航空货站经营、地面运输、装卸等地面服务，或以特需经营模式交由优质航空货运地面服务商进行管理，或通过混合所有制改革引入优质航空货运地面服务商等战略投资者，开展深度的战略合作，从而借助优质物流服务商的管理经验提升航空货运地面服务质量。此外，参照

国内外优秀航空货运枢纽，实施高标准对标管理，不断弥补差距，持续提高航空货运地面处理效率。

3. 围绕货运枢纽打造广覆盖的集疏运体系

为航空货运枢纽集聚货源实现规模化运营，航空物流企业和航空货运枢纽需要与集疏运相关的货运代理、运输（物流）企业通过股权纽带、业务合作和运行协调，借助中小型货运飞机、无人机、客机腹舱、卡车航班/空公联运、空铁联运等方式，围绕国内和海外的航空货运枢纽，按照"客货分离、快慢分道、多式联运"等原则，做好空侧、陆侧货运系统和多式联运设施规划，打造覆盖广泛、高效衔接的航空物流集疏运体系，确保航空货物在航空货运枢纽快速集散和中转。

4. 统一标准、技术升级打造"智慧航空物流"

一方面，对接国际航空运输协会航空货运相关标准体系，以"实施中性电子运单工程"和实现航空货物全程跟踪为重点突破口，依据《"互联网+"高效物流实施意见》精神，按照"先枢纽和大企业、后全面推广"的原则，推进航空物流信息互联互通工程，充分利用电子数据交换技术，扎实做好航空物流活动全链条的数据化、信息标准化、数据开放共享、信息系统对接等工作，实现不同机场（集团）、航空货运承运人、货主、货运代理人、航空货站、海关边检、航空与其他交通方式等信息系统之间的互联互通、信息共享和高效运转。另一方面，加快航空与公路、铁路等物流标准对接，逐步制定与国际多式联运标准兼容的操作标准、单证标准、数据交换标准，以建立高效的多式联运体系，加快实现"一次委托"、运单"一单到底"、结算"一次收取"服务方式。同时，推广应用新技术实施物流技术升级。以航空物流企业和航空货运枢纽为主体，加快推进新一代移动通信技术、物联网、北斗导航、人工智能、机器人、大数据、云计算等先进技术与航空物流深度融合，逐步推进航空货运相关设施的全面物联，通过收集、融合、统计和分析各类数据实施辅助决策、资源调配、预测预警、优化控制等功能，支撑航空物流提高效率、降低成本、增强柔性。

5. 优化资源配置提升空中交通管理服务

"一带一路"空中贸易通道的畅通，需要以畅通的航路、高效的空域资源配置和强大的空中交通管理服务为支撑，重点采取以下措施提升空管服务：一是科学合理规划空域。借鉴国际民航组织空域分类标准，加快实施国家空域分类划设，为空域科学配置和高效实用奠定基础。二是建设航路大通道。推进我国航路航线网与"一带一路"国家的协同发展，稳妥推动国际航路航线优化整合，加强空管基础设施建设，建设完善高度安全、技术先进、动态灵活科学的国家干线航路航线网络。三是优化繁忙机场空域结构。推进京津冀、长三角、粤港澳大湾区等重点区域的空域优化方案实施，持续优化成都、昆明、深圳、重庆、西安、乌鲁木齐等重点枢纽机场终端区空域方案。四是完善空管运行机制。加强军民航之间的沟通协调，重点优化航空货运枢纽的周边空域资源，建立高效的军民航联合管制工作程序。借助空管新技术应用，推动空域精细化管理，实现空域灵活高效使用，为航空货运发展提供优质高效的空管服务。

6. 提升货机研发和客改货能力增加货机供给

通过国产货机研发、客机改货机等多元化渠道，增加货机供给、降低货机购置使用成本。一方面，加快研发"有干有支"的国产货机梯队。推动我国航空制造企业加快研发和制造 C919、ARJ21、新舟、运 8 等飞机的货机型号，以货机国产化推动降低货机购置使用成本和增加供给，满足航空物流企业航空货运干线中转和支线集疏运的发展需要；另一方面，培育多家客改货技术服务商。针对当前国内客改货仅厦门太古一家供应商的情况，鼓励国内大型飞机维修企业与波音、空客等国外飞机制造商以及国产飞机制造商的进行战略合作，提升客改货实力，争取客改货资质，加快形成至少两家以上客改货供应商的有序竞争格局。

（四）促进广泛的国内国际合作

构建稳健的"一带一路"空中通道，需要深化航空物流的国际合作，打造国家、社会、企业等多层次的合作渠道，在航空物流政策制度、技术标准、市场运营、安全运行、投资融资、人才交流等方面开展多维度的国际合作，以提升在国际航空物流市场上的竞争力和影响力。

1. 促进与沿线国家间的政府机构合作

秉持共商共建共享的全球治理观，充分利用政府间合作、国际合作平台、国内国际航空组织等渠道，建合作共赢、平等互利的合作机制，加强与"一带一路"沿线国家的政府机构开展全方位、多层次合作，携手共创"一带一路"航空繁荣之路，实现政策沟通、航线互通、货运畅通、共同发展，为"一带一路"航空货运治理提供"中国智慧"。国际国内组织方面，充分利用国际民航组织 ICAO、国际航空运输协会、国际机场理事会、全球空管协会四大国际民航组织，在航空物流领域的政策、规则、制度、管理、技术、标准等方面积极参与国际治理和合作。同时，还要注重发挥中国民用机场协会、航空运输协会等组织在国际航线网络构建、国际航空运输合作等诸多方面的协调和技术支持作用。"一带一路"区域合作平台方面，继续发挥东盟民航区域合作平台、中非民航合作平台以及中亚民航合作平台三个区域国际合作平台的作用，促进

"一带一路"国家政府、机构、企业间的合作，发挥各自优势，实现优势互补，携手打造互利共赢的区域民航共同体。与沿线国家在机场、空管、航路等基础设施建设规划、技术标准体系方面加强设施对接，共同推动跨国空中大通道建设，为构建互联互通、安全高效的国际航空运输提供有力保障。协助"一带一路"沿线的航空运输欠发达国家建设和更新现代化民航基础设施，支撑两国开展航空货运业务开展。利用双边和多边合作平台，推动建立国际航空物流协调和争端解决机制，加快形成国内国际兼容的航空货运规则，切实提高以国际航空物流为支撑的贸易便利化水平。

2. 推动航空物流相关企业的国际合作

从战略合作方式看，国内航空物流企业可选择多方战略联盟、双方战略合作等方式在业务层面开展具体合作，也要通过共同设立合资公司、投资入股、收购兼并等股权合作方式，借助不同深度的合作方式助力我国航空物流企业"走出去"。例如，考虑到各国出于保护航权的需要，可鼓励国内航空货运企业与"一带一路"沿线国家的航空货运企业建立航空货运联盟，鼓励国内航空货运枢纽与国外枢纽机场建立战略联盟。从战略合作伙伴看，国内航空物流企业"走出去"可选择相互间具有优势互补、资源共享空间的国际合作伙伴，包括国外的航空货运企业、机场、快递物流企业等航空物流相关企业和相关协会等。

（五）制定有力的协同扶持政策

1. 营造优良发展环境

加强国家部委和地方相关部门间的政策协同，加快完善航空物流发展的政策体系，重点解决好航空物流基础薄弱、运行效率低下、物流链条分割和联运衔接不畅等问题，为航空货运安全、高效运行营造优良的政策环境。

对外投资方面，建议加快对现行境外直接投资（ODI）审批制度改革，建立发改、商务及外汇管理多部门协调机制和统一受理标准，在风险可控的前提下，针对航空物流领域"走出去"，制定鼓励项目清单，缩短审批流程和周期，降低或消除物流企业在跨国并购谈判中存在的不确定性政策风险。规划方面，重点加强航空运力建设、强化国内中转型航空货运枢纽和客货并举型大型国际航空枢纽建设，完善多式联运体系，对既有客货综合航空枢纽的货运设施升级和流程优化，以国内建设为支撑，提升我国航空物流竞争力。

2. 提升国际航空货运通关效率和安全水平

通关服务方面，一是要注重机场综合保税区与国际航空货运区的紧密衔接，通过升级改造或新建将两者纳入同一园区进行一体化规划建设，并将航空物流枢纽的航空货站、航空物流园区、综合保税区等纳入自贸区体系，按照口岸大通关和"单一窗口"的建设要求，统筹规划航空口岸布局，高标准推进口岸功能优化升级。二是要构建大通关工作机制，完善升级运营口岸监管流程，打造"快进快出"的口岸新格局。落实单一窗口要求，简化口岸现场通关环节，促进口岸信息互联互通，加强通关信息一体化建设，推行"联合查验、一次放行"的通关新模式，实施联合登临检查等"一站式作业"；在国际航空货运量较大的机场口岸，建立 7×24 小时通关长效机制，全时段开放国际口岸；创新海关监管模式，建立以信用为核心的新型海关监管体制。

安检安保方面，进一步优化简化机场货运安检流程。研究基于安保和反恐风险的航空货运差异化安检方式，科学匹配安检设施设备，科学制定配套的标准和政策，规范建立实用、高效、标准统一的货运安检信息管理系统，完善货运安检质量控制体系。新建机场按照同一安检主体、同一信息系统、同一管理平台、同一安检模式、同一安检标准建设。已建成的机场推进不同安检主体之间运行协调、信息共享和系统互联，实现模式统一、标准一致、质量互认。进一步发挥行业协会对航空货运代理企业的审查和认证作用。积极稳妥建立基于信用管理的管制代理人、已知托运人等制度。

3. 对航空物流发展提供综合政策扶持

综合考虑从财政、税收、金融、土地等政策方面制定一揽子扶持政策，吸引社会资本，降低航空物流相关成本，引导和鼓励航空物流快速发展。一是对航空货运枢纽机场及配套的空管基础设施建设，适度倾斜加大中央和地方财政性资金对项目资本金的支持力度，鼓励机场通过机制改革提升管理运行效率，使机场有能力降低各类收费标准，促进航空物流"降本增效"，以低成本优势"筑巢引凤"；二是改进航线补贴政策，鼓励航空货运枢纽机场与航空物流企业培育和构建"一带一路"国际航线网络；三是对航空货运枢纽和航空物流企业在用地成本、税收、民航发展基金征收方面给予长期优惠政策；四是拓宽融资渠道，降低融资成本，鼓励快递物流企业和社会资本积极参与传统货运航空公司混合所有制改革，扩大对航空物流企业的信贷资金来源；五是利用亚投行、丝路基金、进出口银行、进出口保险等"一带一路"相关的金融平台，为"一带一路"民航相关项目提供融资支持，为我国航空物流企业在海外航空领域的投资提供金融服务、资金支持和风险防范服务。

4. 加强国际航空物流人才队伍建设

充足优质的航空物流相关人才是支撑"一带一路"空中通道建设的重要保障。一方面，政府要引导建设专业化国际航空物流人才队伍。国际航空物流涉及供应链、物流、电子商务、国际贸易、通关、航空制造维修、飞行、机场运营管理、外语、法律、安全等诸多方面，政府应引导建设多元化、多层次、复合型、国际化的航空物流人才队伍。另一方面，构建多渠道的人才培养模式。以企业内部和外部高校、职校和专业技术培训相结合的模式，综合打造高素质复合型航空物流人才。建议民航发展基金划拨专项培训资金，引导和鼓励产学研联合、国内国际联合办学和培训国际航空物流人才，打造线上线下相结合、理论与实践相结合、国内与国际相结合的航空物流培训体系。

10 ▸ 推动中欧班列创新发展

新冠疫情暴发后，中欧班列发挥比海运快、比空运量大、连续稳定规模化运行的独特优势，及时承接海运、空运转移货物，为保障我国国际物流供应链安全稳定发挥了巨大作用。当前，面对百年未有之大变局和极其复杂多变的国际形势，我国正全力构建以国内大循环为主体、国内国际双循环相互促进的新发展格局，需要释放中欧班列联动国内国际两个市场、两种资源的规模网络运输潜能，统筹运输行业、地方政府、国家三个层面价值创造和利益获取，串联沿线核心枢纽节点，密切与经济产业、贸易金融联系，发展通道经济，打造国内国际双循环战略链接，为构建具有全球竞争能力的物流供应链体系发挥更大作用。

一、中欧班列发展的主要特征

中欧班列横亘欧亚大陆，辐射全世界 75% 的人口，途经国家和地区生产总值占世界总额的 60%[⊖]，腹地资源广阔，经济发展潜力巨大，合作空间广阔。

（一）班列开行集中度持续提升

2011 年以来，中欧班列开行数量不断增加，辐射范围迅速扩大，货物

⊖ 数据来源：商务部。

品类逐步拓展。2020 年中欧班列安全稳定运行，疫情期间开行量逆势增长，全年开行 1.24 万列[一]。西安、重庆、成都、郑州和乌鲁木齐五大中欧班列集结中心 2020 年合计开行量达到 10895 列，同比增加 49.6%[二]；班列开行的集中度持续稳步提升，初步实现由"点对点"开行向"枢纽对枢纽"的转变。

（二）集聚辐射效应凸显

集结中心建设是中欧班列转变开行方式、实现高质量发展的重要举措。西安、重庆、成都、郑州和乌鲁木齐 5 大集结中心充分发挥各自优势，通过合作、联盟等多种途径组织货源，增强集聚辐射带动能力，实现了开行量、重载率的全面提升。以西安为例，西安集结中心与襄樊、渭南、宝鸡、蚌埠、唐山、徐州等城市联合，共同探索晋陕豫黄河三角洲、长三角、京津冀等主要货源地区经西安直达欧亚的国际班列。2020 年西安集结中心班列开行 3670 列，是上年同期的 1.7 倍[三]。

（三）示范引领作用显现

在集结中心示范工程的带动下，山东、江苏、广东、辽宁等地出现了班列开行向区域枢纽城市加快集结整合的新趋势。例如，山东省内货源加快向济南集结，2020 年齐鲁号班列开行 1506 列，比上年增长 50%以上[四]。此外，境外中欧班列也形成了向德国杜伊斯堡、波白边境口岸马拉舍维奇、俄罗斯莫斯科等大型枢纽加快集结的趋势。其中，杜伊斯堡已成为目前中欧班列境外最大节点，每周有超过 60 趟班列常态化往返于中

[一] 数据来源：国铁集团。
[二] 数据来源：国铁集团。
[三] 数据来源：西安国际港务区。
[四] 数据来源：山东省发展改革委员会。

国近 20 个城市之间，承载了中欧班列约三成货物转运[⊖]。

（四）对市场主体的吸引力大幅增强

通过多年探索，大型现代物流企业与班列集结中心合作更加紧密，合作方式更加多样化。西安与中远海运合作，实现了中欧班列长安号以海铁联运方式进入全球港航体系，西安至欧洲往返的公共班列每天两去两回[⊖]；长沙与中外运合作，实现了长沙对俄进出口货物 90%以上[⊜]通过中欧班列运输，为中部地区进一步开拓欧洲、中亚市场搭建起一座便捷的贸易桥梁。

二、中欧班列面临的主要问题

尽管相关部门、各地方政府在推动中欧班列高质量发展过程中出台了许多有益的政策、实施了许多有价值的实践，但仍面临一些亟待解决的问题。

（一）运输层面，国内网络组织亟待优化、境外基础设施瓶颈凸显，影响班列规模化稳定运行

从国内看，集结中心布局亟待优化，开行城市依然分散，难以产生规模效益。目前，中欧班列已经成为我国对接国际市场、稳定国际物流供应链的主要途径，各地对中欧班列的需求大幅上升。2020 年东部地区的浙江、山东、江苏、广东班列开行数量均出现较大幅度增长，部分城市进入全国班列开行前列。而集结中心示范工程目前确定的 5 个中心，

⊖ 数据来源：中国铁路经济规划研究院。
⊖ 数据来源：西安国际港务区。
⊜ 数据来源：中外运。

主要集中在中西部地区，东部及沿海地区等主要货源地尚未布局集结中心，还难以在更大范围内满足我国提升产业链供应链稳定性的新要求。除班列开行前 10 的城市以及一些大型中心城市和产业集群密集的城市外，目前仍在开行的 30 多个城市均不具备良好产业基础和充足的货源优势，难以满足每列 41 个集装箱、每周 1 班或数班的常态化开行要求。更为重要的是，这些城市开行班列的线路大多与集结中心的线路重合，在一定程度上挤占了本已紧张的线路资源。

从沿线基础设施发展看，境外段设施落后、瓶颈路段突出，影响班列全程运输能力。中欧班列为"一带一路"沿线国家既带来了货物运输收益，也带来了产能合作机遇，不少境外路段已开展了基础设施更新改造工作，但仍不能满足班列开行量快速增长带来的庞大需求。一方面，与我国阿拉山口、满洲里、二连浩特、霍尔果斯等主要边境口岸对应的哈萨克斯坦、俄罗斯、蒙古边境口岸换装能力、仓储能力不足，俄铁、哈铁等境外承运商无力调配充足的火车车板、集装箱等以承接本国境内段运输，每天接车数量受限，大量出境班列只能暂停在各自国内不同路段，形成境外堵车。另一方面，波兰作为班列进入欧盟市场的主要过境通道，其边境口岸车站基础设施落后，无法满足中欧班列在宽轨段和标准轨段间高效换装要求，降低班列运行时效。国内班列每天可开行 1200 公里，境外段受设施所限，每天只能开行 600 公里～700 公里[⊖]。

（二）地方政府层面，重补贴、轻服务的发展方式难以有效提升中欧班列的发展能级

为提升城市对外开放发展水平，积极应对新冠疫情、苏伊士运河航运阻断等造成的供应链中断风险，各地方政府争先以补贴方式培育开行中欧班列，共同营造了良好的中欧班列规模化、网络化开行局面。作为

⊖ 数据来源：中国铁路经济规划研究院。

前期市场培育的重要手段，补贴开行有其必要性，但在实际运行过程中，由于缺乏与本地产业链、供应链密切关联的货源需求战略分析和精准补贴方案设计，部分城市仍然沿用比拼补贴争夺货源的竞争方式。除少数城市开行了"五定班列"外，多数城市缺乏有针对性的按货类、时效、线路的运输服务，大大降低了集结中心的时效优势，不利于集结中心发展能级提升。

（三）国家层面，中欧班列央地协调机制有待健全

当前，中欧班列运输协调委员会在境内外揽货合作、优化班列组织、强化中欧班列统一品牌建设等方面发挥了积极作用，但在统筹班列开行与国家及地方经济产业发展规划、综合交通运输规划衔接、地方政府间班列开行无序盲目竞争等方面，对地方协调能力不强。对外，在国际铁路班列运输协调、联运产品开发、回程供应链需求挖掘、沿线产业联盟及商会沟通协作等方面的作用还有待挖掘。

三、中欧班列发展面临的新挑战

我国是世界第二大经济体和第一大进出口国，与"一带一路"沿线国家的产能合作潜力正在持续释放，成为拉动我国经贸发展的新动力。这要求中欧班列要进一步发挥好国内国际双循环战略衔接的作用，在迎来新机遇的同时，妥善应对一系列新挑战。

一是货源过于依赖中欧目的地间最终消费品流动，联动"一带一路"沿线产业链供应链、发展通道经济能力有待加强。当前，中欧班列货源多依赖于中欧、中亚等之间"点对点"的汽车汽配、机械设备、食品等最终消费品运输，占比超过90%，尚未将沿线国家的产业供应链串联起来。部分沿线国认为"中欧班列是中国商品涌入本国市场的单行道"。

二是大国博弈与多方角力，使中欧班列的外部发展环境异常复杂。美视中国为对其核心价值观和全球经济主导地位最具挑战性的国家，明确将中国定义为"战略竞争对手"。美国《2021 年战略竞争法案》将中美战略竞争明确拓展至全球范围，并提出加强同盟友合作，启动美国蓝点网络计划，代替中国在"一带一路"沿线的投资。中欧班列发展须进一步创新与沿线国家、区域间经济产业合作方式，增强合作黏性、扩大"朋友圈"，预防某些国家在中欧班列领域对我国进行"围剿"。

三是沿线国家对于相关基础设施投入仍存顾虑。"一带一路"沿线国家由于自身经济发展及债务问题，现有基础设施无法跟上其物流需求和贸易增速。相较于 2011 年，连接中国和欧洲地区的常规铁路运输班次数量已经大幅跳升，仅波兰就需要应对每月多达 200 个车次的货运需求[a]。但是，由于缺乏基于沿线经济产业联系形成的长期稳定货运需求预期，沿线国家对相关基础设施的投入仍存有一定顾虑。

四是通道布局易受单一国家掣肘。中欧班列的中线和东线途径第一亚欧大陆桥，西线途径第二亚欧大陆桥，两条陆桥通道共同承担着欧亚间铁路运输需求。两条陆桥虽然都要经过俄罗斯境内，但第一亚欧大陆桥在俄罗斯境内段较长。因此，为了吸引货源，提升第一亚欧大陆桥竞争力，俄罗斯对第一亚欧大陆桥采取比第二亚欧大陆桥更优惠的过境收费标准和更便利的通关手续。一旦某国单方面中断通道，中欧班列将面临"瘫痪"风险，有必要前瞻性谋划多元化国际运输通道。

四、中欧班列创新发展政策建议

下一步，推动中欧班列创新发展要以"转补贴、强积聚、优布局、

⊖ 数据来源：中国铁路经济规划研究院。

172

扩开放"为抓手，加快打造中欧班列核心枢纽和骨干网络，实现开行方式由"点对点"向"枢纽对枢纽"的全面转变，畅通国内国际双循环。

（一）加快补贴机制改革，提升一体化治理能力

转变补贴思路。针对去程货源相对充裕但回程货源短缺问题，可采用去程补贴先退坡、回程缓退坡的方式。例如，针对欧洲方向货运规模相对较大但中亚方向较小问题，可采用欧洲方向先退坡、中亚方向缓退坡的方式。加快完善班列价格机制，由国铁集团与多元市场主体签订量价捆绑的运价协议，境内段出台鼓励"枢纽对枢纽"的阶梯下浮铁路运费优惠政策，尽快形成国铁集团和集结中心与国外铁路公司及线路运营公司的统一价格谈判机制，降低并稳定境外运价。

（二）完善"三个一公里"，优化班列运输组织

提高"最初一公里"发展能级，优化中欧班列集结点布局及开行方案。充分发挥东中部地区产业集群密集、市场需求旺盛的优势，适度增加东部、中部地区集结中心建设，促进形成"东部产业基地+中部枢纽城市+西部开放平台"的集结中心网络格局。与此同时，加快推动境内集结中心与境外主要班列枢纽城市按照市场化方式合作，优化开行线路，形成联通境内外的骨干网络和主要物流通道。加强集结中心与龙头企业与合作，推广中远海运与西安、中外运与长沙的合作模式和经验，依托大型物流企业、货代企业提升集聚中心的集货能力和国际物流集散服务能力。

围绕"一带一路"沿线产业链供应链需求，形成中欧班列"中间一公里"循环体系。依托"一带一路"沿线重点产能合作项目和境外园区建设，推动中欧班列与产业、贸易、物流、信息、金融等融合发展。重点聚焦笔记本电脑、汽车汽配、机械设备、医疗器械、医药化工等战略性新兴产业，培育具备可持续双向稳定运输需求的高价值、可承担铁路

成本费用的优质货源，实现中欧班列货类"腾笼换鸟"和品质升级，提升中欧班列内生发展能力，为下一步补贴退坡做好准备。

优化班列海外仓布局，提升中欧班列境外网络"最后一公里"服务能力。结合境外经贸合作区建设、国际产能合作、跨境电商市场拓展等因素优化班列海外仓布局，推动具备运营能力的主要电子商务、商贸流通企业组团入驻，共同使海外仓成为班列在境外的集结中心、分拨中心、配送中心，不断增强沿线国家和地区市场开发和组货能力。积极寻求在沿线地区投资并购或参股当地清关、货代、运输、仓配等企业的机会，不断完善境外服务网络。加快补齐境外"最先和最后一公里"物流能力短板，提升海外通关、地面运输、区域配送等落地服务能力。

（三）完善沿线基础设施建设，构建多元化国际物流网络系统

发展多元化的国际运输通道。将西部陆海新通道作为中欧班列南通道，进一步深化与东盟、《区域全面经济伙伴关系协定》（RCEP）、"一带一路"沿线国家和地区等合作，促进中国—东盟开放合作。探索发展以西安为运营中心的新亚欧经贸走廊。打通中吉乌至中东欧等战略新通道，推动中国—中亚—西亚经济走廊建设。制定中欧班列通道中断应急响应预案。

加快沿线战略性设施布局。借助丝路基金、亚洲基础设施投资银行等国际金融组织贷赠款，对沿线国家铁路、口岸等基础设施进行改造升级，推动跨境交通基础设施连通。鼓励国内资本和物流企业参与境外班列枢纽的口岸建设，进一步提升口岸能力，合理开放新建口岸设施，为中欧班列境外稳定运行提供支持。

（四）加大改革开放创新力度，提高国际竞争力和影响力

继续推进沿线通关一体化和便利化。加强沿线国家通关制度衔接，

统一货物编码，加强检验检疫标准互认，简化查验手续，完善中欧班列国际贸易"单一窗口"，建立高标准的信息互换、监管互认、执法互助，探索构建新型的跨境海关监管模式，将中欧班列国内各主要枢纽纳入统一监管体系，实现"多关如一关"。促进口岸管理一体化和铁路监管一体化有机融合，建立跨部门协同执法机制，促进建立便捷高效的多式联运体系。商签更多班列沿线海关合作协定，形成更加便利化的通关制度安排。

创新班列开行与产业、贸易、金融等联动发展模式，进一步放大中欧班列战略价值。以"一带一路"陆上经济走廊为重点方向，以中欧班列开行为契机，积极参与国际铁路班列运输规则、国际商事服务规则制定。加强国际铁路多式联运"提单模式"创新应用和推广，创新建立以铁路国际提单为牵引、以国际产能合作为依托、以人民币国际化为导向的贸易新规则，进一步提升中欧班列的战略价值。

11 推进邮政快递业高水平开放[⊖]

邮政快递业包括邮政普遍服务和快递服务，是全球服务贸易发展的重要领域。其中，邮政普遍服务对于保障民生具有支撑作用，快递服务随着移动互联网和电子商务的发展日益，在全球物流供应链中扮演重要角色。我国快递服务开放先行一步，邮政普遍服务仍保留专营模式。与经济合作与发展组织（OECD）平均水平、标杆国家相比，我国邮政快递业开放度依然有较大提升空间，须在综合考虑保障国际物流供应链体系安全的前提下，提高邮政快递业对外开放水平，更好满足人民美好生活需要和支撑经济高质量发展。

一、我国邮政快递业开放取得一定进展

我国邮政快递业先后完成了邮电分营、政企分开、行政管理体制改革和邮政监管体制改革等重大改革任务，快递服务率先开放，国际领军企业不断扩大在华投资和经营范围，市场活力竞相迸发，行业生产力不断解放，在服务国家经济社会发展中体现了价值、发挥了作用。

邮政快递业对外开放促进了市场结构优化升级。其中，快递服务发展增速远高于邮政普遍服务（见图 3-9）。我国规模以上快递业务收入从

⊖ 写于 2021 年 5 月。

176

2009 年的 479 亿元上升到 2018 年的 6038.4 亿元，十年间年均增长 32.8%；规模以上快递业务量从 2009 年的 18.6 亿件上升到 2018 年的 507.1 亿件，十年间年均增长 45%。其中，国际和港澳台快递业务收入从 2010 年的 178.8 亿元上升到 2018 年的 585.7 亿元。

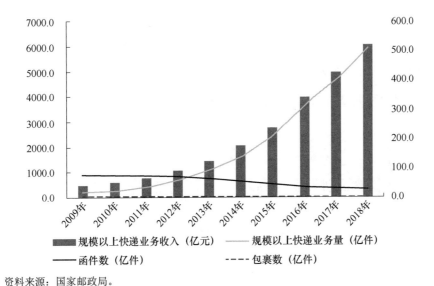

资料来源：国家邮政局。

图 3-9　2009～2018 年我国邮政函件和包裹数变化情况

更重要的是，快递服务对外开放并没有挤压国内企业的市场空间，反而促进了民营快递企业的发展壮大，实现了快速发展，逐渐成为快递市场的中坚力量。民营企业业务收入占全部快递市场比重从 2012 年的 60.5%提高到 2018 年的 83.6%。

此外，邮政快递业对外开放在促进经济发展和国际经贸合作中发挥着重要作用，对经济发展的支撑作用不断增强。在全球跨境电商和贸易体系的构建过程中，邮政快递业服务消费能力不断增强，我国消费市场与全球消费市场的落差不断被熨平。2018 年，我国快递包裹量达到 505 亿件，占全球的 45%，对全球包裹快递量增长贡献率 60%以上，连续 5 年稳居世界第一。中国邮政集团公司在全球邮政企业中排名第 2 位，3 家快递企业业务量规模进入世界前 5 名。我国快递企业国际网络及海外仓覆盖 50 多个国家和地区，支撑了超过 3500 亿元的跨境电商贸易。

同时，邮政快递业作为高附加值产业的底盘，助力相关产业链进入全球价值链中高端。以顺丰快递为例，在助力国内企业开拓海外市场方面取得一定成效，实现了手机原材料全球"门到门"3 天交付，与之前的运输方式相比，时效提升近 50%，有效助力开拓市场、提供竞争力。

二、我国邮政快递业高水平开放存在的问题

（一）国际评价体系下开放程度偏低

根据 OECD 的服务贸易限制指数（STRI），我国邮政快递业是所有行业中限制得分最高的行业，且明显超过 OECD 国家甚至是新兴市场国家的平均水平。2019 年邮政快递业限制指数 46 个国家的得分在 0.106～0.877，平均为 0.302。而我国排名最高，为 0.877，较第二梯队印度、巴西等国限制得分高出 50%以上，比美国限制得分高出 1 倍，是荷兰、德国限制得分的 8 倍（见图 3-10）。

（二）近年来的开放进展不明显

2014～2019 年，我国邮政快递业限制指数（STRI）一直维持高位（见表 3-16），在 46 个国家中一直是限制程度最高、排名最低的国家。2014～2017 年限制指数没有发生变化，2018 年较 2017 年限制指数增加，开放程度不升反降。

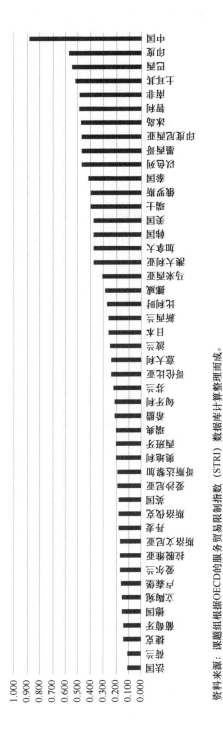

资料来源：课题组根据OECD的服务贸易限制指数（STRI）数据库计算整理而成。

图 3-10 2019 年 OECD 的服务贸易限制指数（STRI）邮政快递业各国情况

表 3-16　2014～2019 年我国邮政快递业限制指数变化情况

年份	2014	2015	2016	2017	2018	2019
STRI	0.877	0.877	0.877	0.877	0.881	0.877
最低	0.108	0.108	0.108	0.108	0.108	0.108
最高	0.877	0.877	0.877	0.877	0.881	0.877
全球排名	45/45	45/45	45/45	45/45	45/45	45/46

邮政快递业与我国交通运输相关行业开放程度对比也有待提高。2014～2019 年，我国与邮政快递业相关的国际海运、公路运输、铁路运输、分销等行业限制指数明显降低，与 OECD 平均值接近，而邮政快递业限制程度明显高于 OECD 均值以及物流供应链服务相关行业（见图 3-11）。

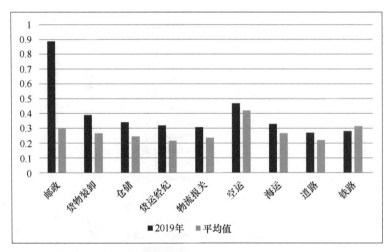

资料来源：课题组根据 OECD 的服务贸易限制指数（STRI）数据库计算整理而成。

图 3-11　2019 年 OECD 的服务贸易限制指数（STRI）
中国物流供应链行业指数情况

（三）外资准入限制最为显著

从邮政快递业限制指数的二级指标看，分为外资准入限制、人员流动限制、竞争壁垒、监管透明度以及其他歧视性措施。其中，与国际比较，

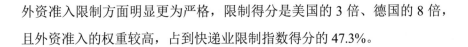

外资准入限制方面明显更为严格，限制得分是美国的 3 倍、德国的 8 倍，且外资准入的权重较高，占到快递业限制指数得分的 47.3%。

（四）竞争壁垒限制较为突出

在竞争壁垒方面，我国邮政快递业与国际比较也有一定差距，2014～2019 年竞争壁垒限制指数一直为 0.191，没有变化，且高于印度的 0.123 和巴西的 0.138，超过美国的 0.098 以及德国的 0.011。竞争壁垒在我国邮政快递业限制指数中占到 24.6%，是影响邮政快递业限制指数的第二重要因素。

（五）监管透明度等方面也存在一定限制

我国邮政快递业在人员流动限制、监管透明度、其他歧视性措施方面的限制得分也相对较高。监管透明度限制指数 2018 年由 0.149 上升到 0.153，是唯一上升的指标，也导致总体邮政快递业限制指数在 2018 年上升。人员流动限制和其他限制性措施从 2014～2019 年限制指数看，分别保持在 0.076 和 0.044 不变，这两项近年来未有改善。

三、我国邮政快递业高水平开放面临的体制机制障碍

美国、德国等发达国家通过开放邮政快递业，提高邮政普遍服务质量，构建了全球邮政快递网络，实现了全球资源的有效配置，为其产业链、供应链的全球布局提供了条件，助力快速连接全球市场。同时，通过国际比较也发现，对于邮政快递业的部分领域开放限制，各国也有着共识。

（一）外资准入和普遍服务市场有待开放

邮政快递业外资准入开放程度最高的国家为荷兰，外资准入限制指

数仅为 0.015。德国的邮政快递业外资准入限制指数为 0.044，美国为 0.135，都远低于我国的 0.417。通过与产业竞争力较好的国家进行比较，影响我国邮政快递业外资准入限制主要因素在于：

一是外国股权限制相对严格。荷兰、美国、德国、日本等国允许的最大外国股权份额都为 100%，而我国外资准入负面清单中一直将"邮政公司、信件的国内快递业务"作为外资禁止投资的领域。从外国投资者在上市公司中可以购买的股份比例看，荷兰、德国不受限制，美国、日本及我国是受限制的，且我国在外资筛选标准中明确外商投资企业进行的投资应对国民经济发展有显著经济利益。

二是跨境并购和资本流动上有待进一步开放。荷兰、美国在资本和投资转移等资本流动以及跨境并购上没有明确的监管措施。我国《外资企业法实施细则》《中外合资经营企业法实施条例》中都对外资企业、合资企业的外汇管理进行了详细规制。发展中国家由于金融体系国际化中安全性存在隐忧，普遍选择了较为保守的政策。

三是市场存在一定程度的垄断。OECD 将邮政快递业市场分为信件、包裹、快递三个细分领域，每部分测算后加总形成市场垄断份额评分。荷兰、德国、日本不存在市场垄断现象，本国邮政快递与其他国际邮政快递一样进行公平竞争。美国行业垄断份额的得分为 0.23。我国垄断份额的得分为 0.67，远高于发达国家和平均水平是因为我国邮政是专营模式，中国邮政集团公司为唯一授权经营企业。OECD 认为我国信件和包裹市场完全垄断，快递市场完全开放。

（二）竞争政策基础性作用有待强化

邮政快递业竞争壁垒开放程度最高的国家为德国，竞争壁垒限制得分仅为 0.011，远低于我国的 0.191。通过对标，德国、美国等国家在国家邮政普遍服务专营及税收补贴、国家或省政府控制邮政快递业中的至少一家大型公司等竞争壁垒限制措施上与我国类似，影响我国邮政快递业竞争壁垒开放的主要因素集中在竞争政策上。我国给予邮政专营企业特殊政策，影响公平竞争。我国《邮政法》规定指定的邮政专营企业可以获得运输禁令的豁免，德国、美国、印度等国家没有类似特殊政策对市场公平竞争进行干扰。

（三）营商环境仍需持续优化

在人员流动限制方面，美国邮政快递业人员流动方面的得分为0.041，远低于我国的0.076。我国从事邮政快递业执业需要快递业务经营许可，美国等国家都不需要。

在监管透明度方面，法国开放程度最高，限制得分仅为0.011，远低于我国的0.149，德国为0.044，美国为0.060。在完成所有强制性程序以注册公司的工作日数上，法国、德国、美国是少于9天，我国是大于9天，营商环境有待持续改善。从快递通关时间看，法国、德国、美国小于1天，而我国大于1天，通关效率也有待提高。

四、推进我国邮政快递业高水平开放的思路和路径

对标国际先进规则和国际标杆国家，应以加快体制机制改革、开放竞争性业务为突破口，发挥完善外资准入负面清单的牵引作用，加强完善营商环境和提升通关效率的联动，提升邮政普遍服务的水平和竞争能力。在保障国家物流供应链体系安全的前提下，拓展国际快递网络，扩大有效供给，以开放促进行业供给侧结构性改革，推动流通方式转型，促进消费升级，不断满足社会生产和人民生活日益提升的服务需求。

（一）发挥放宽外资准入限制措施的牵引作用，促进邮政快递业开放

美国、德国、丹麦、日本、荷兰等国"最大外国股权份额"都为100%，我国是 0。通过 OECD 的服务贸易限制指数（STRI）进行政策仿真模拟，我国外资准入限制中"最大外国股权份额"从 0 调整为小于33%，则直接带动"商业存在的合法形式、法律形式、高管身份限制"等15 项三级限制指标下降，带动效果非常明显。

（二）通过开放竞争性业务和促进市场竞争，提高邮政快递业开放度

在保障涉及国家安全等机要文件、信件，边远地区公益性宜采取专营模式外，对现有已萎缩的普遍服务市场进行结构化开放，以增量发展促进存量改革，通过开放提高普遍服务效率。如果开放 30% 的信件市场和 80% 的包裹市场，引入竞争机制，则我国邮政快递业整体的垄断程度将大幅下降，对于邮政快递业开放影响最大。

（三）通过优化营商环境，维护公平竞争市场秩序

通过政策仿真模拟，与营商环境相关的指标虽每一项对邮政快递业限制指数影响不大，但涉及的内容多、范围广，需要从强化竞争政策基础性地位、维护市场公平竞争的角度予以重视。涉及营商环境三级指标共 11 项，涉及"公共采购供应商选择偏好""制定邮政企业获得额外优势政策""普遍服务成本分配""通关限制"等方面。

五、推进我国邮政快递业高水平开放的政策建议

（一）加强与国际先进对标，以开放促进邮政快递业效率提升

邮政快递业对外开放不是一味地不加限制，而是在保障我国国际物流供应链体系安全的前提下，促进行业发展效率提升，助推我国邮政快递业高质量发展。通过快递业开放，加快组建国际快递网络，提升全球物流资源控制能力、供应链服务和创新能力，为我国构建具有全球竞争能力的产业链、供应链提供坚实的现代化国际物流体系支撑。同时，也要站在国际视角横向比较，通过体制机制改革创新，更好适应国际规则和评价体系。

（二）完善外资准入负面清单，构建安全可靠的全球邮政快递网络

进一步修订外资准入负面清单，参照负面清单中公共航空运输业相关条款的表述，将"禁止投资邮政公司、信件的国内快递业务"改为"邮政公司、从事国内快递业务的快递公司须由中方控股，且一家外商及其关联企业投资比例不得超过33%，法定代表人须由中国籍公民担任"。通过引入外资战略投资者的方式组建国际快递合资公司，对有必要的项目要进行背景审查和安全评估。鼓励交叉持股，充分利用国际邮政快递公司的全球物流服务网络、基础设施网络、航空运力网络，快速组建起安全可靠的全球邮政快递网络，升级跨境服务能力。

（三）深化体制机制改革，促进邮政普遍服务供给主体多元化

开放竞争性业务，促进邮政普遍服务供给多元化。探索试点开放普

通印刷类文件信函；在保障偏远地区包裹普遍服务的基础上放开包裹市场。对于涉及国家安全等机要文件可给予特殊运输政策，取消原有对于邮政专营企业全业务范围的特殊运输政策。适时研究将中国邮政集团承担的普遍服务和快递服务按照业务板块进行拆分或混改。

（四）强化竞争政策基础性地位，进一步完善营商环境

完善公平竞争审查制度，切实维护邮政快递市场的公平竞争秩序。对不涉及敏感信息的竞争性业务进行供应商选择时，取消对外资邮政快递企业的限制。借鉴美国等国家的经验，转变补贴方式，通过减免税收或成立邮政普遍服务基金来取代财政直接补贴。同时引入市场化方式，加强欠发达地区邮政快递基础设施建设。在进一步放开具备市场竞争条件的邮政资费标准基础上，着重理顺政府定价的资费水平和结构。

（五）主动参与国际规则制定，增强全球邮政快递领域话语权

注重发挥大型快递企业和行业组织作用，积极加入全球性行业组织和相关国际组织，积极维护多边机制，为全球交通与快递物流体系转型升级贡献中国方案。加强与 OECD 等国际组织在服务业开放方面的研究和合作，主动争取和提升我国在邮政快递业高水平开放评估中的话语权。

（六）鼓励国内快递企业"走出去"，培育国际化快递品牌

加快构建我国国际快递网络和体系，鼓励和支持大型航空公司和快递企业在全球主要航空枢纽机场建设境外基地。打造国际化的邮政快递服务品牌，淡化中资或国资品牌宣传，为我国国际邮政快递体系发展构筑专业化、国际化的品牌形象。

第四篇

安全可控，韧性十足

从国际看，国际形势的不稳定性不确定性明显增加，新冠疫情大流行影响广泛深远，经济全球化遭遇逆流，民粹主义、排外主义抬头，单边主义、保护主义、霸权主义对世界和平与发展构成威胁，国际经济、科技、文化、安全、政治等格局都在发生深刻复杂变化。

从国内看，我国继续发展具有多方面优势和条件，也面临着许多前所未有的困难和挑战。全面建成小康社会为全面建设社会主义现代化国家创造了有利条件，经济实力、科技实力、综合国力跃上新的大台阶。同时，随着我国社会主要矛盾变化和国际力量对比深刻调整，我国发展面临的内外部风险空前上升。

综合分析国内外形势，当前和今后一个时期，我国发展仍然处于重要战略机遇期，但机遇和挑战都有新的发展变化。"一带一路"贸易大通道建设亟须从全球战略和经济安全需要出发，维护产业链供应链安全稳定，畅通世界经济运行脉络。同时，树立极限思维和底线思维，准确识变、科学应变、主动求变，决策时运筹帷幄、落实时如臂使指，我们就一定能够在抗击大风险中创造出大机遇，始终立于不败之地。

12 初级产品保供需要安全高效的国际物流供应链体系[○]

我国是全球贸易大国和制造业大国，也是全球最主要的初级产品需求国，大豆、铁矿石、原油、天然气、铜铝矿等初级产品消费量快速增加，进口依存度较高。特别是当前正处百年未有之大变局，全球经济贸易发展重心迁移、产业链供应链布局加快调整、新一轮技术革命持续演进及全球政治与治理结构转变的背景下，全球对初级资源配置的竞争更加激烈。为此，习近平总书记在 2021 年中央经济工作会议讲话中，把"正确认识和把握初级产品供给保障"作为应对百年变局、构建新发展格局需要正确认识和把握的重大理论与实践问题之一提出，进一步凸显加强战略谋划、确保初级产品供给安全已经成为当前经济工作的重大战略任务。

一、建立安全高效的国际物流供应链体系的重要意义

初级产品保供需要安全高效的国际物流供应链体系，不仅对我国维护经济安全和社会稳定具有重要意义，也对促进全球大宗商品资源优化配置，进一步提升我国在全球分工中的位势，推动世界经济复苏进程走稳走实具有长远的战略价值和重要的政策价值。

○ 写于 2022 年 5 月。

有利于统筹发展和安全，积极应对经济发展面临的风险和挑战。当前极端天气等自然灾害明显增多，外部环境更趋复杂严峻和不确定。面对全球节能降碳转型压力，全球初级产品产业链供应链深刻调整，供需不稳定、价格大起大落等问题，长期积累的安全隐患和新风险集中显现。做好初级产品供给保障，有利于更好统筹发展和安全两件大事，既主动出击塑造有利于发展的国际大宗商品市场安全环境，又坚决守住安全底线，有效保障产业链供应链安全稳定，避免对经济发展全局产生不利影响，有效应对需求收缩、供给冲击、预期转弱三重压力。

有利于统筹国际与国内，保障经济循环畅通，增强我国对于全球资源的配置能力和话语权。初级产品保供和大宗商品市场体系建设是经济循环畅通的重要基础。初级产品保供具有广泛的产业关联效应和产业带动效应。以大宗商品为代表的初级产品流通组织、流通结构、交易体系的运行效率是国民经济流通效率的关键性影响因素，直接或间接影响并决定贸易、投资和物流效率及金融资源配置结构，也将影响国内大市场与国际市场间的循环效率。建立大宗商品市场体系将充分发挥市场对各类要素的引流、集聚和配置功能，推动初级产品全球供应链体系重塑，强化我国对于全球资源的配置能力和话语权，推动全球供应链更加开放、灵活、安全，形成更高水平的开放新格局。

有利于全面贯彻新发展理念，紧紧扭住供给侧结构改革的主线，实现经济高质量发展。我国已进入新发展阶段，通过把握好初级产品保供与经济结构调整的节奏和力度，推动大宗商品市场体系建设，更加科学、合理、有序地推进"双碳"工作，破解资源环境约束问题。全面贯彻新发展理念，推动有效市场和有为政府更好结合，促进优质合规产能加速释放，抑制不合理的原材料需求和减少生产生活浪费，通过市场化手段更好强化供求的双向调节，推动经济结构转型升级、效率提升和动能转换，达到供求更高水平动态平衡。

二、全球重点初级产品的物流供应链现状

（一）全球重点初级产品供需结构

全球重点能源、矿产品及农产品整体上表现出资源供给与资源消费需求在地域上分离的供需结构特征。

从 2020 年全球石油产量、储量及消费量来看（见表 4-1），石油产量和储量主要分布在中东地区、北美、俄罗斯以及中南美洲，而东亚、欧洲、北美则是最主要的石油消费区域。中东地区有五个国家在产量和储量位居前十，名副其实为第一大石油资源供给区域。从消费量来看，美国、中国和欧洲位居石油消费量前三，中国在 2020 年石油消费量超过欧洲成为仅次于美国的第二大石油消费市场。中国和印度为石油消费增长最快速的国家。仅美国和中东地区在石油产出量及消费量上表现出相对均衡状态。

全球天然气产量及储量主要分布于北美、俄罗斯、中东及澳大利亚，美国、欧洲、俄罗斯以及东亚需求量最高，天然气消费需求前十的国家和地区中，近十年仅中国天然气需求年均增速超过 10%（见表 4-2）。

全球主要矿产品储量充足，但供应集中度较高。以铁矿石为例，全球铁矿石产量主要集中在澳大利亚、巴西、中国、印度及俄罗斯，澳大利亚、巴西和俄罗斯储量占全球储量的 60%（见表 4-3）。铁矿石需求主要以金砖国家、日本、韩国为主，其中中国铁矿石消费量占全球总量的 56%，铁矿石需求巨大。另外，铜矿、铝土矿、镍矿、钴矿以及锂矿产量在排名前四的国家的储量占比分别达到了 53%、80%、57%、75%、95%。

表4-1 2020年全球石油产量、储量及消费量前十的国家及地区 （单位：百万吨）

产量				储量				消费量			
国家	规模	占比	年均增长率 2009~2019年	国家	规模	占比	储产比	国家及地区	规模	占比	年均增长率 2009~2019年
美国	712.7	17.1%	8.8%	委内瑞拉	48 000	17.5%	大于500	美国	852.7	19.4%	0.8%
俄罗斯	524.4	12.6%	1.4%	沙特阿拉伯	40 900	17.2%	73.6	中国	706.1	16.1%	5.4%
沙特阿拉伯	519.6	12.5%	1.7%	加拿大	27 100	9.7%	89.4	欧洲	634.8	14.5%	-0.4%
加拿大	252.2	6.1%	5.6%	伊朗	21 700	9.1%	139.8	中东地区	413.1	9.4%	2.0%
伊拉克	202	4.9%	6.9%	伊拉克	19 600	8.4%	96.3	中南美洲	261.8	6.0%	0.6%
中国	194.8	4.7%	4.7%	俄罗斯	14 800	6.2%	27.6	印度	231.8	5.3%	4.8%
阿联酋	165.6	4.0%	3.4%	科威特	14 000	5.9%	103.2	独联体	206.0	4.7%	2.2%
巴西	159.2	3.8%	3.7%	阿联酋	13 000	5.6%	73.1	非洲	1767	4.0%	2.2%
伊朗	142.7	3.4%	-2.7%	美国	8200	4.0%	11.4	日本	162.2	3.7%	-1.7%
科威特	130.1	3.1%	1.8%	利比亚	6300	2.8%	339.2	巴西	115.3	2.6%	1.6%

资料来源：英国石油发布的2021年版《世界能源统计年鉴》。

表4-2　2020年全球天然气产量、储量及消费量前十的国家及地区

（单位：10亿/m³）

	产量				储量				消费量		
	规模	占比	2009~2019年增长率		规模	占比	储产比		规模	占比	2009~2019年均增长率
美国	914.6	23.7%	5.2%	俄罗斯	37 400	19.9%	58.6	美国	832	21.8%	3.2%
俄罗斯	638.5	16.6%	2.4%	伊朗	32 100	17.1%	128	欧洲	541.1	14.2%	-0.4%
伊朗	250.8	6.5%	5.9%	卡塔尔	24 700	13.1%	144	俄罗斯	411.4	10.8%	1.1%
中国	194	5.0%	7.5%	土库曼斯坦	13 600	7.2%	230.7	中国	330.6	8.6%	13.1%
卡塔尔	171.3	4.4%	6.4%	美国	12 600	6.7%	13.8	伊朗	233.1	6.1%	5.2%
加拿大	165.2	4.3%	0.9%	中国	8400	4.5%	43.3	加拿大	112.6	2.9%	2.7%
澳大利亚	142.5	3.7%	11.9%	委内瑞拉	6300	3.3%	333.9	沙特阿拉伯	112.1	2.9%	4.1%
沙特阿拉伯	112.1	2.9%	4.1%	沙特阿拉伯	6000	3.2%	53.7	日本	104.4	2.7%	1.6%
挪威	111.5	2.9%	1.0%	阿联酋	5900	3.2%	107.1	墨西哥	86.3	2.3%	3.0%
阿尔及利亚	81.5	2.1%	1.3%	尼日利亚	5500	2.9%	110.7	阿联酋	69.6	1.8%	2.2%

资料来源：英国石油发布的2021年版《世界能源统计年鉴》。

193

重点初级产品全球供应市场和需求市场的分离，需要国际贸易发挥全球资源配置功能，同时也需要高效、畅通、安全的国际物流供应链提供保障支撑。

表 4-3　2019 年全球主要铁矿石产量、储量及消费量　（单位：百万吨）

	产　量	储　量	消　费　量		
	规　模	规　模		规　模	占　比
全球总量	2450	180 000	中国	1295.8	56.0%
澳大利亚	919	50 000	印度	203.7	8.8%
巴西	405	34 000	欧洲	142.2	6.1%
中国	351	20 000	日本	119.6	5.2%
印度	238	5500	独联体	118.4	5.1%
俄罗斯	98	25 000	澳大利亚	83.3	3.6%
南非	72	1000	韩国	75	3.2%
乌克兰	63	6500	中东	67.7	2.9%
加拿大	59	6000	巴西	49.5	2.1%
美国	47	3000	美国	42.7	1.8%
其他	68	18 000	德国	37.8	1.6%

资料来源：美国地质调查局国家矿产信息中心发布的《矿产品摘要 2021》和世界钢铁协会发布的《2021 年世界钢铁统计数据》。

（二）全球重点初级产品贸易运输情况

从全球油轮规模看，2021 年初全球油轮船队运力合计 13644 艘，740186 万载重吨，希腊、中国和日本船队规模位居前三位（见表 4-4）。2021 年石油（包含石油以及石油产品）贸易总量为 2.84 亿吨，气体（包含 LNG 以及 LPG）贸易总量为 5.08 亿吨，油气 2021 年贸易量占全球海运贸易量比重约 28%。从全球运力总供需看，当前运力供给大于需求。

表 4-4　2021 年年初全球油轮前十大船队及全球总运力

排名	国　家	数量（艘）	运力规模（万载重吨）	运力规模占比
1	希腊	1764	179 712	24.3%
2	中国	1663	64 372	8.7%
3	日本	1108	58 365	7.9%
4	挪威	612	41 335	5.6%

（续）

排名	国　　家	数量（艘）	运力规模（万载重吨）	运力规模占比
5	新加坡	893	35 177	4.8%
6	美国	357	31 565	4.3%
7	韩国	588	29 031	3.9%
8	比利时	124	19 105	2.6%
9	意大利	383	17 125	2.3%
10	俄罗斯	528	16 009	2.2%
	全球	13644	740 186	100%

注：统计 1000 总吨及以上海船。

资料来源：ISL 研究所。

从全球干散货海上运力看，2021 年初全球干散货船队总计 123030 艘，591130 万载重吨，日本、中国、希腊船队规模及运力位居前三，分别占据世界干散货总运力的 10.5%、7.2%、3.7%（见表 4-5）。2021 年干散货运输量约占全球海运贸易量的 44.8%，其中铁矿石海运量超 15 亿吨，煤炭海运量超 12.3 亿吨，谷物（包含大豆）海运量超 5 亿吨。全球主要干散货运力总体供大于求。

表 4-5　2021 年年初全球干散货船队及全球总运力情况

	国家或地区	数量（艘）	运力规模（万载重吨）	运力规模占比
1	日本	907	9556	10.5%
2	中国	547	6552	7.2%
3	希腊	252	3366	3.7%
4	韩国	174	2947	3.2%
5	美国	231	2759	3.0%
6	新加坡	100	184	2.0%
7	挪威	118	149	1.6%
8	德国	99	1003	1.1%
9	中国台湾	117	636	0.7%
10	英国	37	540	0.6%
11	比利时	28	500	0.5%
12	中国香港	115	484	0.5%
13	俄罗斯	32	432	0.5%
	其他	9549	58 992	64.7%
	全球总计	12303	91 130	100%

资料来源：Clarksons Research《干散货贸易展望》。

三、我国重点初级产品国际物流供应链需求分析

（一）我国重点初级产品进口情况

整体上我国重点初级产品国内产量及储量有限，对外依存度较高，需要通过进口来满足国内需求。

1. 原油

我国原油产量保持在 2 亿吨左右，原油进口量不断增长，对外依存度从 2002 年 29%攀升至 70%以上，2019 年原油进口量达 50567.6 万吨，对外依存度为 72.6%（见图 4-1）。

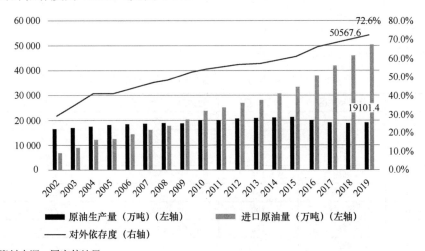

资料来源：国家统计局。

图 4-1　我国原油产量、进口量及对外依存度

从原油进口来源地看，位居前三位的主要是中东地区、非洲以及拉丁美洲，三地区占我国原油海运进口总量的 90%以上，其中中东地区占到一半以上（见表 4-6）。

表 4-6 我国原油进口主要来源国

	2010 年		2015 年		2020 年		2021 年	
1	沙特阿拉伯	18.6%	沙特阿拉伯	15.1%	沙特阿拉伯	15.7%	沙特阿拉伯	17.1%
2	安哥拉	16.5%	俄罗斯	12.6%	俄罗斯	15.4%	俄罗斯	15.5%
3	伊朗	8.9%	安哥拉	11.5%	伊拉克	11.1%	伊拉克	10.5%
4	阿曼	6.6%	伊拉克	9.6%	巴西	7.8%	阿曼	8.7%
5	俄罗斯	6.4%	阿曼	9.6%	安哥拉	7.7%	安哥拉	7.6%
6	苏丹	5.3%	伊朗	7.9%	阿曼	7.0%	阿联酋	6.2%
7	伊拉克	4.7%	委内瑞拉	4.8%	阿联酋	5.7%	巴西	5.9%
8	哈萨克斯坦	4.2%	科威特	4.3%	科威特	5.1%	科威特	5.9%
9	科威特	4.1%	巴西	4.1%	美国	3.6%	马来西亚	3.7%
10	巴西	3.4%	阿联酋	3.7%	挪威	2.3%	挪威	2.6%

资料来源：海关总署。

从原油进口通道看，约 90%的原油进口通过海上运输，10%通过陆上原油管道，其中中俄管道约占陆上原油管道运输量的 76%，中哈、中缅管道约占 24%。$^{\ominus}$。

从港口外贸原油进口量来看，2020 年我国沿海港口完成外贸原油进港运输 5.0 亿吨左右，同比增长 9.1%。沿海港口外贸原油进口量地域分布不均衡特点突出，其中环渤海地区占 56%，长三角地区占 21%，东南沿海地区占 5.6%，珠三角地区占 7.7%，西南沿海地区占 9.7%（见图 4-2）。

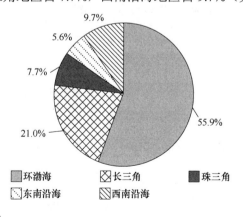

资料来源：海关总署。

图 4-2 我国港口原油进口分布

⊖ 数据来源：中石化研究院。

"十四五"期间我国能源消费结构将有所调整，原油消费比重保持基本稳定，预计消费需求仍将保持年均2%的增长，2025年达到7.3亿吨，国内原油生产将维持在2亿吨左右水平，预计2025年进口原油6.1亿吨，运输方式以海运为主、管道进口为辅。

2. 天然气

我国是天然气生产和储量大国，当前总体天然气国内生产量高于进口量，但自2006年以来，天然气进口量及对外依存度不断攀升，进口量从2006年的9.5亿立方米增长到2019年的1331.8亿立方米，年均增长46%，对外依存度从2006年的1.5%增长到2019年的43.1%（见图4-3）。

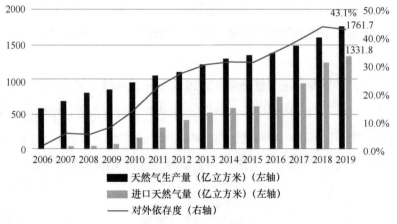

资料来源：国家统计局。

图4-3 我国天然气产量、进口量及对外依存度

从进口来源及进口方式看，2020年进口液化天然气和管道天然气比例约为7:3，我国90%以上的液化天然气进口量来源于澳大利亚、卡塔尔、马来西亚、俄罗斯、印度尼西亚、阿曼，澳大利亚是我国液化天然气最大进口来源国，2020年从澳大利亚进口406亿立方米液化天然气，占比达到43.2%。[⊖] 陆上管道天然气主要来源于中亚、俄罗斯和缅甸，

⊖ 数据来源：英国石油发布的2021年版《BP世界能源统计年鉴》。

2020 年我国从中亚、俄罗斯和缅甸分别进口管道天然气 373 亿立方米、
39 亿立方米、39 亿立方米，占比分别为 82.7%、8.6%、8.6%。⊖

天然气运输作为相对清洁能源，预计消费量将保持增长，在 2040 年
前后进入消费峰值，届时需求量约为 5500 亿立方米，中国天然气进口量
将保持稳健增长。⊜

3. 铁矿石

中国是铁矿石消耗大国及进口大国，消耗了全世界一半以上的铁矿
石。铁矿石消耗量自 2010 年呈缓慢增长趋势，从 2010 年的 94433 万吨
增长到 2021 年的 147547 万吨，年增长率为 4.14%，但对外依存度逐年攀
升，在 2016 年达到 89%，2016～2021 年对外依存度略有下降，2021 年
对外依存度为 76.2%（见图 4-4）。

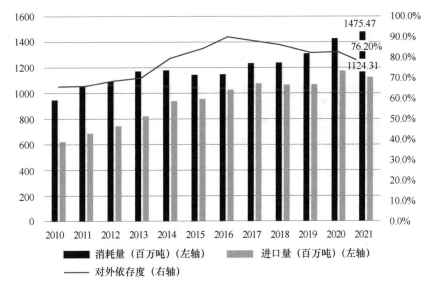

资料来源：五矿集团。

图 4-4　2010～2021 年中国铁矿石消耗量、进口量及对外依存度

⊖　数据来源：英国石油发布的 2021 年版《BP 世界能源统计年鉴》。
⊜　中国石油集团技术研究院《2050 年世界与中国能源展望（2020）》

从铁矿石进口来源及进口通道看，我国铁矿石主要来源于澳大利亚和巴西，从两国进口铁矿石占到进口总量的85%。

从港口外贸进口铁矿石看，沿海港口铁矿石运输区域分布呈现"北重南轻"格局，2021年环渤海地区港口外贸矿石进口量占全国比重达到66%，长三角港口占比超过20%，东南沿海占比达到3.4%，珠三角占比为1.4%，西南沿海为8.9%。

从发展趋势看，截至2020年，我国粗钢生产、消费已进入峰值平台期。预计"十四五"期间，铁矿石需求将保持在峰值平台区，随着废钢利用率增加及钢铁产业实现2030年碳达峰目标，铁矿石需求增速进一步放缓。

（二）我国重点初级产品运力保障情况

重点初级产品国际贸易主要依赖于海上运输渠道，我国是世界上海运需求最大的国家，海运需求约占全球的30%。虽然我国船队规模及海上运输能力位居世界前列，但难以满足庞大的海上运输需求，重点初级产品进口的国内承运比例较低。

从原油运力情况看，2021年1000吨以上的海船中国有1663艘，仅次于希腊位居世界第二。但数据显示，目前原油国轮承运量还较低，保持在21%～24%（见表4-7）。

表4-7　2016～2019年原油国轮承运量　（单位：万吨）

年　份	2016年	2017年	2018年	2019年
国轮承运量	8059	8416	9136	10800
原油进口量	35339	38559	41225	45254
国轮承运占比	22.8%	21.8%	22.2%	23.8%

数据来源：海关总署、交通运输部、相关企业调研。

从液化天然气运力情况看，国内液化天然气船队主要有三家公司，

2021 年运力情况见表 4-8，2021 年实现总运力 1007 万立方米。近年来，我国液化天然气进口量的国轮承运比例在 20%～30%，国内承运比例总体偏低。[一]

表 4-8　2021 年国内主要液化天然气运力　　　　（单位：万/m³）

主　　体	船队数量（艘）	运　　力	在建船舶（艘）	在建运力
中远海运集团	38	642	3	17
上海中远海运	17	17	3	—
中国液化天然气运输有限公司	21	348	—	—

资料来源：相关企业。

从干散货的运力情况看，我国散货船实际控制 1000 总吨以上的海船为 1.9 亿载重，约占世界散货船舶总载重的 21.6%，但除去内贸散货船，相比于庞大的进口量，国际散货船舶运载量远小于需求量。我国主要散货船东情况见表 4-9。我国经海运进口铁矿石由本国船队承运比重不足 30%，中远海运作为国内最大的干散货承运船东，2021 年仅承运铁矿石 1.04 亿吨，占总进口量比重不到 0.1%。宝武集团作为国内最大的钢铁企业和主要的铁矿石进口企业，与日本游船、川崎汽船和商船三井三家日本船东长期包运合同，承担其铁矿石运输。

表 4-9　2021 年我国主要散货船运力情况　　　　（单位：万吨）

主 要 船 东	船队数量（艘）	世 界 排 名
中远海运	301	1
招商局集团	115	4
工银租赁	34	11
国家开发银行	65	14

资料来源：Clarksons Research。

在粮食运输领域，中粮集团作为中国主要的国际农产品贸易企业，无

[一] 数据来源：中远海运集团。

自有船队，主要通过期租和程租等模式灵活承运。中国进口每年超 1 亿吨大豆等粮食作物中，中远海运和招商局两大海运集团仅承运 1000 万吨左右，承运比例仅为 1%左右。

从全球范围看，原油及干散货等运力总体表现出供大于求的局面。从中国视角看，我国重点初级产品进口量大，国内物流运力难以提供保障支撑，国货国运保障能力较低，对他国海运企业运力依赖性大，我国重点初级产品国际物流运输存在潜在的脆弱性。

四、面临的问题

我国大宗商品国际供应链呈现出物流周期长、来源地集中、运输方式单一和定价话语权弱等问题，导致了我国初级产品保供和大宗商品稳价存在风险和挑战。

第一，供应商来源有待进一步丰富，国际供应链韧性有待提高。以铁矿石为例，铁矿石进口高度依赖澳大利亚，2021 年自澳大利亚进口量占全国进口的比重高达 62%。大宗商品供应商来源过于单一增加了供应链的脆弱性。一旦发生中断事件，将给我国初级产品供应链带来中断的风险隐患。

第二，国际物流网络有待完善。一是我国大宗商品供应链企业在实际业务中往往存在"货贸运"分离的情况。上游资源型企业通过自采或购买采矿权，只管"拿矿"。贸易企业只做中间贸易，只管"贸易"。物流企业只管"运输"。在企业做大的过程中，单一寻找向资源、实业转型，产业链不断延伸，但是物流环节逐渐萎缩为"短板"，在运输环节选择上缺乏自主权。以日本综合商社为例，其通过注重增强自有物流服务能力建设，投入大量资金加强资源矿产区公路、铁路、港口、仓储基础设施建设，打通资源到出海港口的首要通道，构建强大的海陆运输体系，大规模配置干散货船、集装箱船、汽车滚装船等船舶，通过发展大型专用船降低国际海运费用，保证日本资源能源运输畅通。二是国际物流网络存在风险，有待完善。除了棕榈油、天然橡胶和镍矿等大宗商品来自东南亚运输周期短、相对便利，其他矿产和原油资源都要长途跋涉，马六甲等关键运输要道一旦有变将极大威胁保供。

第三，定价权需要进一步加强。产业与金融分离，各为其阵，不利于参与大宗商品国际定价。长期以来参照国外期货衍生品或资讯机构的指数定价，价格波动剧烈且频繁威胁保供，还容易受到投机力量狙击。

第四，亟待培育供应链龙头企业，一是国内大宗商品供应链企业缺乏纵向或横向的协调和联合，国际竞争力较弱。二是缺乏供应链龙头企业，供需两端话语权弱。以钢铁行业为例，尽管宝武、鞍本在企业兼并重组方面取得重大进展，但 2021 年全国前 10 家企业合计粗钢产量占全国总量的比重仅为 41%，前 20 家企业占 55%，与国外主要钢铁生产国家相比产业集中度差距较大。

第五，数据生态平台亟待加快培育。我国大规模的大宗商品供应链、贸易企业都已上线了针对不同业务场景和流程的信息化系统，逐步实现了业务流程的线上管理、在线监控和统计分析功能，但彼此分离，尚未能培育出有规模、有国际影响力的大宗商品生态平台。

五、政策建议

依托我国超大规模市场和货物贸易大国优势，服务国家重大发展战略与高质量发展的新要求，创新驱动，抢抓新一代技术革命与国际产业布局调整的机遇，加强顶层设计，以"双网双核三支撑"为重点，构建内外联通、安全高效的国际大宗商品供应链体系，促进产业链配置资源效率提升。

"双网"：完善大宗商品国际网络，根据对外贸易和产业链发展需求，完善全球化布局，提升大宗商品供应链体系的畅通性、稳定性与安全性。构建大宗商品国内网络，加强基础设施现代化建设，打通堵点，补齐短板，形成内外联动、相互促进的国内外大宗商品供应链网络。

"双核"：培育我国大宗商品国际供应链龙头企业，推进大型国企混合所有制改革，鼓励大型民营企业兼并整合。鼓励供应链龙头企业和贸易龙头、重点产业龙头企业强强联合，建立稳固的长期合作关系。鼓励供应链企业以对外投资方式入股国外重点大宗商品资源类企业、物流企业，或以相互持股的方式深化伙伴关系，增强供应链企业的国际竞争力。

提高大宗商品供应链的数字化能力。利用大数据、物联网、区块链等新型信息技术手段，通过科技赋能，推进大宗商品供应链数字化、智能化，促进信息互联互通互享。

"三支撑"：以我国建设自贸试验区、自贸港为抓手，探索构建更具国际竞争力的制度支撑，支持我国大宗商品供应链发展对标国际先进制度环境，持续提升国际影响力。构建自主可控的国际物流通道支撑。逐步完善与大宗商品供应链未来发展相适应的专业服务支撑。

第一，构建大宗商品供应链网络体系，提升大宗商品供应链体系综合效率。

加快我国大宗商品供应链贸易网络调整，从单一品种依靠单一国家转向多来源采购，促进多样化的国际贸易网络建设。构建综合立体的国际物流通道网络，丰富对大宗物资的进出口贸易，要完善中国与新兴市场的海运通道，推进陆路走廊建设。国内通道在强化国家综合运输通道基础上，重点完善国内外通道联通与多式联运体系建设。

第二，着力推进大宗商品供应链与产能合作深度融合，赋能实体经济。

促进多渠道、多层次丰富大宗商品供应链产品及服务发展。大力推动跨国跨区域经贸交流，加强与"一带一路"沿线国家开展项目合作，依托沿线传统和新兴的重点产业基础，集聚要素资源，推进产业协作配套和资源优势互补，推动大宗商品供应链与产业、贸易、物流、信息、金融等领域融合发展。

第三，培育大宗商品供应链企业，不断提高市场主体的国际竞争力和影响力。

充分发挥市场机制作用，强化大宗商品供应链体系中的各方协同联动。加强企业间战略联盟，以及与上下游产业链的协调合作，向着更高质量和效率、更低成本和风险、更加开放和共享的方向，走可持续发展之路。推动传统大宗商品供应链服务转型升级，大力发展供应链金融、保险、信息咨询等现代供应链服务。鼓励采取境外投资、收购和入股当地供应链、物流企业、品牌加盟等多种形式，加快建立境外服务网络，不断提高我国大宗商品供应链企业"走出去"的能力。

第四，加快新一代信息技术应用，推动大宗商品供应链数字化、智慧化发展。

充分发挥优势企业的创新引领作用。着力提升核心企业、平台企业、物流仓储企业等的供应链信息服务能力，加快现代信息技术深层次应用。加快推进以互联网、物联网、云计算、大数据、移动智能终端、区块链为代表的新一代信息技术在我国大宗商品供应链领域的商业化和市场化应用，促进大宗商品供应链中各环节数据共享。培育和支持一批自主可控的国际供应链信息平台企业。加快发展智能船舶、智慧港口、数字航道、多式联运公共信息平台建设，实现各种运输方式信息交换共享。强化大宗商品供应链各环节实时监控和风控能力，使我国成为国际大宗商品供应链创新与应用的重要中心。

第五，更多参与国际规则制定，完善大宗商品供应链治理机制。

　　推动大宗商品供应链国际产能合作多边协调机制和全球大宗商品供应链安全治理体系构建。坚定维护多边贸易体制，积极参与世贸组织改革。积极发挥联合国等国际机构的重要作用，高度警惕极少数国家逆全球化行为，构筑更高开放水平的区域产业链、科技创新链和全球供应链。继续推进"一带一路"沿线国家加强数字供应链体系建设，构建"数字丝绸之路"，促进沿线国家核心生产要素、区域优势资源、产业链上下游环节的便利链接与整合，降低交易成本。保持贸易开放和投资流动，进而保证商品充足和价格合理；减免关税、取消壁垒、畅通贸易。

　　深化国际贸易"单一窗口"建设，加快推进"单一窗口"功能覆盖贸易全链条，优化通关流程，规范进出口环节口岸收费，营造市场化、法治化、国际化的营商环境。总结复制推广港口直装直提作业模式试点经验。推动证书电子化、船舶申报无纸化、电子签章标准国际化。

13 加强现代应急物流力量[○]

在新冠疫情防控中，物流行业为"前线战疫"提供了大量应急服务，确保了抗疫物资和重点疫区日常生活物资的供应，为疫情防控取得胜利提供了较为及时的物资保障。未来，在"一带一路"贸易大通道建设过程中，要加快推动现代物流应急体系的建设，为应对各类突发事件提供高效、便捷、可靠的应急物流服务保障。

一、构建我国现代应急物流体系的基本思路

为加快提升我国应对重大突发事件的应急物流服务保障能力，应在更好发挥政府指挥协调作用的基础上，进一步完善体制机制，更多发挥市场主体作用，加快推进我国现代化应急物流体系建设。

着力完善应急物流工作机制和政策制度。 做好各部门统筹，联合组建"应急物流调度指挥中心"，集中调配车、机、船、物、仓、路等各类物流资源，全链条掌控应急物资采购、生产、储备、调拨等物流环节。借鉴美国将国家各部门分成 "协调员、主要机构、支持机构" 三种角色的应急物流职责体系的利弊，制定详细分工的国家应急物流职责体系，规定三种角色应起到的主要领导责任及配合义务。

○ 写于 2020 年 7 月。

实现战略应急物资全球全域通达。强化对重要国际物流枢纽和关键节点设施的控制能力，完善我国国际物流通道布局，通过国际物流能力提升带动国际供应链服务能力。加强全国应急物资快速调拨能力。兼顾当前与长远，提升跨层次支援、跨区域的战略物资运输保障能力。

重构分级分类的应急物流要素布局。优化既有应急物流通道网络，加快筹划和布局多元化、战略性国际通道，以企业合同、联盟合作等形式完善国际物流通道网络，鼓励海外仓建设。建立以国家物流枢纽和大型物流园区为骨干、大型企业物流中心和配送中心为补充的全国应急物资储备枢纽网络。建立应急物流"数字化平台"网络，打通应急物流体系的"大脑中枢"。

锻造可靠的应急物流队伍。培育应急物流中的"国家队"力量，组建应急物流中重大运输任务的"保底"力量。充分发挥民营物流企业的专业化优势，与国有企业一道形成分工合作、密切配合的应急骨干队伍。

二、保障措施

第一，完善应急物流相关法治建设。及时总结和评估抗疫的政策经验，将一些行之有效的临时性"意见""通知"，尽快转化为操作性强、常态化的政策措施和法规。研究修订完善《突发事件应对法》中应急物流有关规定，实施比重大突发事件响应等级超前一个级别的物流分级响应机制。

第二，加大应急物流投入，完善应急物流的补偿机制。制定企业参与应急物流的补偿机制，明确补偿主体及补偿标准，可采取应急物流征用前和征用后的分阶段、差异化补偿方式，并对企业参与应急物流演练的费用或补助纳入财政年度预算安排。加大财政投入支持应急物流通道和应急物资储备枢纽等设施建设的力度，并对现有设施兼顾应急物流功能的给予必要的财税补贴。加强应急物流建设融资方式的创新探索，加快形成市场化的资金"输血"补充渠道。

第三，创新应急物流技术与应用。运用云计算等技术对全国应急物资调运通道和车辆组织进行动态模拟，提高应急物资的车货匹配效率。创新应急物流组织方式，采取甩挂运输、托盘单元化运输在中转园区实现接驳运输。加快与 5G 等新型基础设施建设结合，推广智慧物流装备在应急物流中使用，对于偏远地区、高安全风险地区，可探索使用无人机、智能配送机器人、智能快递柜等，实现"无接触"应急物流服务。

第四，加强应急物流人力资源后备力量培养。加强国有和民营物流企业应急人才的培训，定期开展应急物流的协同演练。

14 为全球可持续交通发展注入新活力[○]

交通运输作为经济社会发展的基础设施和重要服务行业，在经济发展、人民生活、对外开放、国际交流等诸多方面都发挥着不可或缺的作用。当前，全球交通运输发展的环境正在发生深刻变化，世界经济不稳定性、不确定性有所增加，发展鸿沟和不平等问题进一步加剧。特别是受新冠疫情影响，全球交通运输领域出现了新问题新挑战，许多国家的港口效率持续下降，大量航线航班停运、全球运输价格持续上升突破历史新高，极大地影响着全球产业链供应链稳定，全球交通运输行业的发展面临全新挑战。

面对新变局和新挑战，全球实现可持续交通发展的要求更为迫切，更加需要凝聚共识，加强国际合作，共同探索新的发展模式、新发展路径，为区域乃至全球可持续发展注入新活力。为此，国际社会和各国可以在三方面加强合作探索，既合作共建"三条路"。

第一条路：共建全球物流供应链互联互通之路。主要是通过加强全球海运、航空、跨境铁路和公路、管道运输等交通运输领域开展国际合作，共建全球综合交通运输网络体系，保障全球产业链供应链安全稳定，促进区域经济协调发展。以中欧班列为例，近年来在中国政府等积极倡议和推动下，在沿线欧洲、中亚各国的合作和支持下，中欧班列已

○ 写于 2021 年 10 月。

经成为连接欧亚大陆非常重要的贸易通道和陆路物流的有效连接。截至2021 年上半年，中欧班列已累计开行超过 4 万列，辐射全世界 75% 的人口，途经国家和地区生产总值占到世界总额的 60%。中欧班列的开行在促进区域可持续发展方面的作用十分突出：一是带动了沿线各国之间贸易的快速增长，其中中国对中亚各国的贸易增长年均在 20% 以上。二是大大提升了落后的内陆地区参与国际市场的竞争力。如过去中国中西部地区商品通过海运进入欧洲市场需要 40 天以上，现在通过中欧班列，只需要 10 天左右。三是促进了沿线地区的经济发展与产业链供应链合作，特别是通过沿线国家的产能合作、相互投资，有效地促进了区域合作与发展。四是为全球产业链供应链稳定提供新选项。特别是疫情期间，中欧班列逆势增长，发挥比海运快、比空运量大、连续稳定规模化运行的独特优势，为保障全球物流供应链安全稳定发挥了巨大的支撑作用。

第二条路，共建交通运输绿色发展之路。交通运输行业是能源消费的重点领域。据国际能源署数据，2020 年，交通运输是全球碳排放仅次于能源发电与供热的第二大领域，占比达到 26%。但我们研究发现，受需求量大、方式多样、结构升级、技术复杂、标准不一、影响面广等因素影响，交通领域也是实现碳排放达峰最难的领域之一。因此，为了进一步落实联合国 2030 年可持续发展议程，国际社会和各国政府应将交通运输作为可持续发展的关键领域和重要抓手，从充分发挥各种运输方式的比较优势实现结构减排效果最大化，共享绿色出行发展经验、构建多层次新型城市出行系统，加强新能源汽车等低碳交通技术的国际产业链协同和在全球推广应用先进低碳交通设施设备、加快推动全球绿色标准和完善全球交通治理等层面，加强国际合作，注重发挥发达国家、先行国家的创新引领作用，共同探索绿色交通发展之路，为全球可持续发展树立绿色发展的标杆，提供绿色发展的基础支撑。

第三条路，共建全球交通开放创新之路。当前，全球化进程还在加快和深化，交通运输领域的开放和国际化，在全球化发展中的先行引领、创新带动作用更为突出，迫切需要各国推动对外开放，特别是加强制度规则的开放和对接，更大程度上提高国际交通运输的便利化水平。这个方面需要更多发挥国际组织的作用，一是要促进各国政府的合作，包括交通、海关、检验检疫、贸易等，建立高标准的信息互换、监管互认、执法互助的跨境交通管理模式。二是加强全球交通运企业的合作，加快创新探索，建立多样化、多层次、高效畅通的跨境运输网络和服务体系。三是要汇聚众智，增进智库交流，为各国加快开放、参与全球治理提供更多智力支持。

15 进一步提升国际物流通关便利化水平[⊖]

近年来，我国国际物流大通关工作在贯彻国家战略、全力促进外贸稳定增长、推进全面深化改革、持续扩大开放、深化国际合作等方面做出了积极贡献，在缩短通关时间、优化营商环境、加快国际物流通道建设等方面取得了重大进展。面对错综复杂的国内外形势，在服务"一带一路"贸易大通道建设、服务我国提高对外开放质量、增强我国全球范围配置资源能力等方面都对国际物流大通关提出了更高要求。

一、面临挑战

（一）国际物流大通道沿线海关跨境监管协同能力有待提高

与沿线国家（地区）口岸执法机构机制化合作需加强，跨境监管程序需要进一步统一与协调。中欧班列经常出现过境沿线某国时被当地海关要求商品换用该国海关编码、到抵达目的国又要重新更换的情况，降低时效。沿线各国在检验检疫等方面的认同标准有待协商。

（二）推进一体化通关的整体性有待加强

随着"三互"大通关改革的深化，各地"三互"大通关改革进度不

⊖ 写于 2019 年 2 月。

213

一，一些地区还处在浅层次的探索阶段，各口岸管理部门之间不同程度地存在深度不够、协同不足的问题。

"监管互认"在口岸与内陆的同一系统内便于实现，但跨地区、跨部门"监管互认"的执法依据、工作职责、监管重点不同，目前多限于货物品名、数（重）量、规格型号、集装箱号、封识号等项目。跨境电商进口三单对比政策各地执行标准不一，导致主要口岸跨境电商进口业务发展不均衡。

（三）服务贸易监管制度需要完善

现行海关监管模式主要基于货物贸易来设计，但随着我国服务贸易规模不断增长，在对外贸易中的比重不断上升，亟需配套完善适用于服务贸易的监管制度。例如，对高附加值服务进出口（金融服务、通信服务、计算机和信息服务、检验检测服务）等，需要根据实际情况，对最终产品不具实物形态的服务贸易从法律条款、通关流程、保税政策等方面加以适配。

（四）多式联运通关标准有待统一

多式联运通关手续标准不一，铁海联运手续较烦琐。例如，江海联运"水水"中转模式，仅需客户提供舱单信息，通关模式较为便捷。与之相比，铁海联运在港口中转时，客户需提供发票、合同、箱单等大量资料，影响时效及客户体验。

（五）转关效率有待提高

按照目前中欧班列的出口报关政策，货物在货源地和始发站之间转关效率有待提高。由于货源地、报关地、转关地不同，转关效率较低。

例如，长沙—布达佩斯班列中，货源地在浙江绍兴，客户在绍兴装货，在绍兴做出口申报，用卡车将货物拉至长沙转关出口，转关效率和成功率较低。另外，过境二次转关，各地规则有待统一。

（六）信息有待进一步互联互通

部门间信息化水平参差不齐，缺乏相互有效联通的平台和机制，缺乏互通互换的规则、渠道。不同地区海关物流监控数据间存在信息孤岛。

（七）口岸基础设施建设有待进一步加强

国际物流大通道沿线部分口岸基础设施还较薄弱，导致出现拥堵问题，造成车辆或货物在口岸停滞时间增加。部分口岸通行条件需要改善，与中欧班列进行多式联运的衔接效率需要进一步得到优化。

二、政策建议

针对存在的上述挑战，建议未来在推进国际物流大通关发展方面应重点考虑以下内容。

（一）推进国际物流大通道沿线海关协同监管

国家层面建立指导和协调机制，推动各国海关部门进行深度合作，建立口岸协作机制，解决过境、通关层面出现的问题。加强"中欧班列"沿线海关的通关便利化合作，支持《国际公路运输公约》实施，简化过境运输货物通关手续。针对特定商品探索快速通关"绿色通道"项目。开展政策沟通、标准衔接和经验分享等合作交流，深化 AEO（经认证的经营者）互认，监管结果互认。

（二）持续优化营商环境

减少进出口环节验核的监管证件，学习我国香港全部实现联网。优化通关流程，推进海关、边检、海事一次性联合检查。提高进口货物抵达口岸前"提前申报"比例，非查验货物抵达口岸后即可放行提离。推行由有资质物流公司承运的部分商品先"打板"包装直接进货舱，无须二次拆卸，实现"先验放后检测"。

（三）加快推进全国通关一体化

发挥国务院口岸工作部际联席会议制度的统筹协调作用，解决改革实施中跨部门的重大问题，进一步健全跨区域、跨部门的通关协作和执法联动响应机制，营造更具有吸引力的国际化、法治化营商环境。完善检验检疫通关一体化工作机制和"三互"运作模式。扩大"出口直放、进口直通"模式覆盖面，提高口岸通关效率和物流效能。跨境电商三单对比应更注重电商业务发展的客观实际，在确保监管的同时对政策进行调整。

（四）构建协同共治的监管体系

充分发挥市场在资源配置中的决定性作用，创新海关监管方式，转变监管侧重点，将市场主体作为海关监管体系的一部分。建立与市场主体的联动配合机制，推进与政府相关部门的数据交换和信息共享，鼓励企业在通关前报送数据。建立企业守信联合激励和失信联合惩戒机制，发挥综合监管的整体效能。

（五）完善服务贸易监管制度

完善海关相关法律规定，拓展海关监管范畴，为对无形的服务贸易实施有效监管提供必要的法律支撑。建立服务贸易监管体系，对从事服务贸易的企业进行必要的事前、事中、事后监管。参照生产型项目分类管理模式，对服务贸易企业按照服务内容进行项目分类，完善服务贸易审批制度、通关制度、保税制度等，有效降低通关成本，提升效率。

（六）简化多式联运通关、转关手续

推动"中欧班列+公路、铁路、水路、空运"等多式联运一单制。简化多式联运通关手续，提高货物快速转运效率等，打造多式联运物流运转体系。对中欧班列回程中转其他国际物流通道的货物给予特别放行，使其可以在站内直接进行换装，节省运输时间。完善多种运输方式转关规则，优化同票货物过境二次转关效率。

（七）实施海关数据交换与共享

统一电子口岸、国际贸易"单一窗口"等信息系统技术架构及标准，加强数据交换和共享共用机制，统一单证格式和数据标准，进一步向地方开放相关数据接口，提高跨区域、监控数据互联互通水平。积极推动交通、海关、检验检疫、工商、公安等跨部门信息共享共用。

（八）运用先进技术进行监管创新

充分运用大数据、物联网等先进技术对海关监管链条进行透明化、可视化管理。运用定位技术、传感技术、图像识别技术、人工智能技术，探索智能监管与无人值守快速响应的触发式监管。

（九）加强重点边境口岸基础设施建设

科学规划口岸建设，向内陆沿边地区倾斜。推进沿边重要口岸枢纽建设，提升内外辐射能力，大力提升边境口岸通行能力。促进口岸交通基础设施与周边国家口岸互联互通，实现大通道国与国间的无缝对接。

第五篇

地方案例，实践创新

　　"一带一路"贸易大通道建设着眼于世界各国共同发展和繁荣，以看得见、摸得着的实际举措，给沿线国家和地区带来了实实在在的利益。同时，国内诸多地方积极践行"一带一路"倡议，在提升运输能力和物流发展质量效率，深化国际经济贸易合作，促进交通、物流、商贸、产业深度融合等方面发挥了重要作用，初步形成了区域协调发展格局，为建设现代化经济体系提供了有力支撑，为全球治理体系变革提供了新思路、新方案。

16 有效提升陆海通道对西部地区的带动作用[⊖]

当前全球贸易格局发生着重大变化，贸易重心正向发展中国家加快转移。全球互联互通正在加快推进，全球基础设施建设进入新一轮高潮，将会带动全球物流体系的新一轮加快调整和经济地理格局重塑。陆海新通道是西部地区腹地实现互联互通、对接"一带一路"和实现陆海联动的战略通道，是支撑西部地区提升对外开放水平和参与国际经济合作的综合运输走廊，也是支撑西部地区加快区域经济发展、促进产业结构升级、切实打赢脱贫攻坚战的"底盘"。加快陆海新通道建设要以枢纽建设为引领，以提高通道运输能力为主线，以体制机制创新为抓手，加快建设和完善基础设施，优化营商环境，培育产业支撑，全面提升西部地区枢纽经济发展水平，为西部当前经济社会发展注入新动力。

一、全球及我国交通基础设施互联互通发展趋势

（一）全球交通基础设施发展趋势

20 国集团（G20）下的全球基础设施中心（GIH）发布最新《全球基础设施建设展望》报告显示，2016 年至 2040 年，全球基础设施投资需求将增至 94 万亿美元，年均约增长 3.7 万亿美元。其中，亚洲将在未来几

⊖ 写于 2019 年 10 月。

年主导全球基础设施市场。到 2040 年，亚洲的基础设施投资约占全球的 54%，而美国的这一比例为 22%，位列第二。据估计，到 2040 年，中国、美国、印度和日本的基础设施投资需求将占全球的一半以上。其中，仅中国就将占全球基础设施投资需求的 30%。

近年来，无论发达国家还是发展中国家，都将交通基础设施建设作为国家战略的重要部分，将交通互联互通作为区域战略部署乃至全球治理的重要发力点。2012 年，美国总统奥巴马签署了《21 世纪推进发展法案》，这是继 2005 年美国联邦交通运输平衡法（SAFETEA-LU）后的另一个长期资助交通基础设施建设的授权法案，也是美国经济和国家地面交通系统发展的一个里程碑，通过投资来引导国家交通运输基本框架的发展，也有助于美国拉动就业和经济发展。欧盟于 2018 年公布"欧亚互联互通战略"规划，从战略规划的角度提出了欧亚互联互通的"欧盟理念"。欧盟将建设欧亚互联互通基础设施作为主导欧亚联通战略的重点支点。2014 年哈萨克斯坦推出"光明大道"计划，从国家基金中拨款 1 万亿坚戈（约合 56 亿美元）推动经济增长并扩大就业，而其中核心是交通基础设施建设，借此扩展在欧亚连接中发挥更大作用。2015 年印度尼西亚提出"海洋强国战略"，其目的是提高在区域内的影响力和话语权，重点是交通基础设施建设。

（二）我国交通基础设施发展趋势

我国综合交通基础设施加速成网，截至 2018 年末，全国铁路营业里程达到 13.1 万公里，全国铁路路网密度 136 公里/万平方公里，其中高铁营业里程 2.9 万公里。全国公路总里程 484.65 万公里，公路网密度 50.48 公里/百平方公里，其中高速公路里程 14.26 万公里。全国内河航道通航里程 12.71 万公里，其中等级航道 6.64 万公里，占总里程的 52.3%。全国港口拥有万吨级及以上泊位 2444 个。民用航空机场 235 个。高铁、高速公路、城市轨道交通运营里程和港口深水泊位数量均居世界第一。

在"一带一路"倡议中，铁路、公路、港口等交通运输基础设施互联互通取得积极进展，中俄同江铁路桥中方工程完工，中俄黑河公路大桥、巴基斯坦"两大"公路、巴基斯坦一号干线铁路、中老铁路、中泰铁路以及瓜达尔港、汉班托塔港等项目有序推进。一大批中国企业走出去，为带动沿线基础设施建设做了巨大贡献。中远海运以码头为支点，加快港口码头投资布局，提升对产业链核心资源的掌控力。中远海运在境外投资的 20 个码头中，"一带一路"沿线码头共有 11 个，分布在新加坡、比利时、荷兰、德国、希腊、西班牙等国家和地区。招商港口在斯里兰卡、尼日利亚、多哥、吉布提、土耳其、法国等国家和地区投资港口码头。和记黄埔在全世界 50 多个国家和地区开展港口及相关服务，涉及东南亚、中亚、欧洲、中美洲、南美洲、非洲等。

（三）我国西部交通基础设施发展趋势

西部各省为抢抓陆海新通道建设的战略机遇，积极推进交通基础设施建设。截至 2017 年底，甘肃省公路总里程达到 14.3 万公里，其中高速公路通车总里程突破 4000 公里，14 个市州政府驻地全部以高速公路贯通，55 个县通了高速公路，与相邻的川陕青新宁蒙 6 省（区）省会之间实现了高速公路连接。重庆市铁路总里程达 2371 公里，开工建设黔张常铁路、涪怀二线、郑万高铁、枢纽东环线等项目；高速公路通车总里程突破 3000 公里，加速形成"三环十射多联线"骨架高速公路网。广西全区公路总里程达到 12.54 万公里，普通国省干线公路接近 2 万公里，二级以上普通公路 1.5 万公里；南宁至崇左、防城港至东兴铁路全线开工建设，铁路营运里程达 5202 公里。贵州省高速公路通车里程达 6450 公里，建成和在建总里程达到 8532 公里；已建成铁路 3550 公里，其中高铁 1214 公里。云南省公路通车里程 24.25 万公里，其中高速公路 5022 公里，铁路营运里程达 3682 公里。

《"十三五"现代综合交通运输体系发展规划》明确提出，强化中西部通道建设。贯通上海至瑞丽等运输通道，向东向西延伸西北北部等运输通道，将沿江运输通道由成都西延至日喀则。推进北京至昆明等纵向新通道建设，沟通华北、西北至西南、华南等地区；推进福州至银川、厦门至喀什、汕头至昆明等横向新通道建设，沟通西北、西南至华东地区，强化进出疆、出入藏通道建设。

二、陆海新通道建设面临的基础设施约束与挑战

（一）全球交通运输格局面临新调整

全球交通运输格局已经进入新一轮调整期。东亚及太平洋地区在全球交通和物流体系中的地位日益提升，2017 年集装箱吞吐量排名前 20 的港口中，亚洲占 16 席，占了 80%，一些新的海运、航空等物流枢纽加速形成。其中，新加坡、马来西亚巴生和丹戎帕拉帕斯、泰国林查班、越南海防等港口成长迅速。从航空货运看，新加坡樟宜机场、泰国曼谷机场、马来西亚吉隆坡机场、印尼雅加达机场、印度新德里机场、孟买机场等货运量也在逐年上升。当前全球经济形势错综复杂，要处理好我国港口和航空货运枢纽与区域内枢纽的竞合关系。未来北部湾港及洋浦港乃至粤港澳大湾区港口群形成的货运增量，势必会导致全球交通运输格局的调整和区域内格局的重构。因此，陆海新通道基础设施建设一定要分清次序，并站在全球经贸和交通运输格局调整的背景施策。优先做强北部湾港，加强陆海新通道同洋浦港、粤港澳大湾区港口群的联通，有利于我国在全球交通运输格局调整中掌握主动。打通跨境运输，有利于国际资源的互联互通，充分借助好国内外两个市场、两种资源。

（二）结构性矛盾比较突出

近 10 年来，我国货运量规模快速增长，从 2008 年的 258.6 亿吨上升至 2017 年的 480.5 亿吨，年均增长 7.9%，公路货运成为主要运输方式，货运量占比从 2008 年的 74.12%上升至 2017 年的 76.73%；铁路货运量占比从 2008 年的 12.78%下降至 2017 年的 7.68%；而水运货运量占比则从 2008 年的 11.39%上升至 2017 年的 13.9%。我国一侧临海、陆域纵深，煤炭、矿石等重要资源主要集中在内陆腹地，生产和消费呈现逆向分布，西煤东运、北粮南运、南菜北运及大量进口物资从沿海地区向内陆地区大规模、长距离转运，导致西部运输结构性矛盾更加突出，铁路、水运运送大宗物资优势未能充分发挥，导致物流成本受到公路运输的制约。甘肃、重庆、贵州、广西的铁路货运量分别是公路货运量的 10%、7%、4%、4.7%，远低于全国平均水平。各运输方式间缺乏合理的分工，铁路运输没有发挥比较优势，缺乏航空货运枢纽和国际航空货运网络（见图 5-1）。

图 5-1　2008～2017 年不同运输方式的货运量变化趋势

（三）空间分布不平衡

我国区域间交通运输线路长度和密度发展不平衡。从高速公路里程看（见表 5-1），随着近年来交通基础设施建设逐步向西部倾斜，西部高速公路里程有了很大提高，但是密度相对于东中部还有很大差距。东中西高速路网的平均密度分别为 5.46、2.91、1.73，广东、江苏等交通发达省份，高速公路密度都在 4.5 以上，而甘肃的高速公路密度只有不到 1，云南、广西只有 1.31 和 2.22，远低于东部先进地区和中部平均水平。

表 5-1　我国东中西部高速公路里程及密度比较情况

东 部			中 部			西 部		
地区	里程（公里）	密度（公里/百平方公里）	地区	里程（公里）	密度（公里/百平方公里）	地区	里程（公里）	密度（公里/百平方公里）
广东	8347	4.64	河南	6523	3.9	四川	6821	1.42
河北	6531	3.48	湖北	6252	3.37	贵州	5835	3.25
山东	5821	3.69	湖南	6419	3.03	陕西	5279	2.57
福建	5039	4.15	江西	5916	3.54	新疆	4578	0.27
江苏	4688	4.57	山西	5335	3.41	内蒙古	6320	0.54
辽宁	4212	2.89	安徽	4673	3.34	广西	5259	2.22
黑龙江	4512	1				云南	5022	1.31
吉林	3119	1.66				甘肃	4016	0.88
浙江	4154	4.07				重庆	3023	3.67
天津	1248	11.04				青海	3223	0.45
北京	1013	6.03				宁夏	1609	2.42
上海	829	13.16						
海南	795	2.34						

从铁路运营里程看（见表 5-2），东中西铁路运营网络的平均密度分别为 4.10、2.39、1.19，西部与东中部相比差距较大。甘肃、云南、广西的铁路密度只有 0.75、0.76、2.00，与高速路网一样，远低于东部先进地区和中部平均水平。

表 5-2　我国东中西部铁路运营里程及密度比较情况

东 部			中 部			西 部		
地区	里程（公里）	密度（公里/百平方公里）	地区	里程（公里）	密度（公里/百平方公里）	地区	里程（公里）	密度（公里/百平方公里）
广东	4027	2.24	河南	5200	3.11	四川	3976	0.83
河北	6253	3.33	湖北	4059	2.19	贵州	2373	1.32
山东	5029	3.19	湖南	4550	2.15	陕西	4524	2.20
福建	2759	2.27	江西	3702	2.22	新疆	5463	0.32
江苏	2678	2.61	山西	4980	3.18	内蒙古	10226	0.87
辽宁	5130	3.52	安徽	3548	2.54	广西	4742	2.00
黑龙江	6019	1.33				云南	2916	0.76
吉林	4520	2.41				甘肃	3403	0.75
浙江	2347	2.30				重庆	2371	2.88
天津	971	8.59				青海	2125	0.30
北京	1285	7.65				宁夏	1289	1.94
上海	465	7.38				西藏	786	0.06
海南	694	2.04						

（四）存量设施能力未有效整合

资源整合不充分，部分物流枢纽存在同质化竞争、低水平重复建设问题，内部缺乏有效分工，集聚和配置资源要素的作用没有充分发挥。存量设施能力尚未充分利用，"吃不饱"和"吃不着"现象并存。物流园区作为产业集群空间集聚的外在表现，其规划布局与经济发展程度密切相关。截至 2018 年，全国占地面积在 150 亩的物流园区共计 1638 家。东部地区率先改革开放，推动经济持续快速增长，物流园区规划建设起步早，目前 75.7%的园区已进入运营状态。西部地区随着近年来经济增速加快，物流园区进入规划建设快速发展期，规划和在建园区占比分别为 15.9%和 22.8%，高于其他地区。分省区来看，物流园区总数最多的前 3 名分别为山东（117 个）、江苏（102 个）和河南（97 个）；运营园区数量最多的前 3 名分别为江苏（91 个）、山东（86 个）和浙江（70 个）。目前，西部物流园区利用率较低，平均物流强度（万吨/亩）远低于东部地区，多式联运铁轨进园区率较低。西部效益较好的物流园区主要集中在重庆、成都、西安等大型消费城市附近。未来西部规划和在建园区落成，如何利用存量设施能力，不断优化布局、提高效率、避免园区"晒太阳"是随之面临的挑战。

（五）尚未形成西部骨干物流通道

2019 年之前，在我国物流通道规划布局中，西部只有一条西南向出海大通道，且仍在完善建设中。尚未在西部形成纵贯南北的骨干物流通道，导致南北向效率较差，环节较多，关键节点易堵塞。现有西部通道主要依赖公路网络，铁路网络建设相对滞后。

通道内大部分铁路线路为单线铁路，运输能力相对饱和，货运能力受限，抑制进出口货运需求。以南（宁）昆（明）铁路、南（宁）防（城）铁路、钦（州）北（海）铁路大动脉最为典型，多为单线铁路，且由于修建年代较早，技术标准低、运能小，虽经多次改造，仍不能满足迅猛增长的客货运输需求。公路方面，通道大部分路段都是高速公路，但仍存在一些路况较差的二级、一级路段，使大通道出现"肠梗阻"，西部落后的基础设施建设严重影响了通道的发展。

（六）黄金水道能力改善后将分流货物运输

长江黄金水道是西部到东南沿海港口的重要通道。目前，该通道货运量远超设计能力，导致三峡船闸出现大拥堵，最高峰时船闸上下游的船超过千艘，拥堵时过闸要等 20 天。黄金水道的"肠梗阻"问题，为陆海新通道发展提供了机遇，分流了部分货物运输，但未来也面临着挑战。首先，当前三峡优先保障集装箱船通行，过闸只需 1～2 天；其次，三峡枢纽水运新通道和葛洲坝航运扩能工程项目已经在论证阶段，未来将开辟新的通道，减少排队时间，如改造好，将对陆海新通道大宗货物运输形成新的分流。

（七）多式联运基础设施联通效率有待提高

西部地区具备多式联运发展潜力的基础设施布局普遍前瞻性、系统性规划不足，网络衔接不畅，瓶颈矛盾较为突出。特别是船舶、港口、口岸、物流基地等重要节点存在专用站场、载运机具、信息平台等基础设施建设不完善、不匹配、互联互通不足，造成"最后一公里"衔接困难。各物流枢纽的衔接又主要为公路转运，公路交通拥堵直接导致衔接不畅。例如，广西钦州东站至码头铁路"中间一公里"尚未联通，导致产生额外的作业时间和短运费。据测算，开通东站至码头铁路可节省250元/标箱。钦州东站换装能力无法应对未来班列的快速增长，需要扩能建设。据测算，由于钦州和重庆两端设施问题导致的大量倒短接驳的操作费高达上千元（每箱）。部分港口的集疏运系统滞后，带来疏港效率低下，"最后一公里"物流成本高。再如，目前陆海新通道经重庆并未通过团结村中心站，中心站以外的货无线上操作，导致二次周转，效率有待提升。

（八）枢纽设施与产业发展有待进一步融合

西部以传统枢纽设施为主，尚未由物流功能延伸到供应链其他环节，欠缺形成通道经济的能力。当前，随着经济全球化和科技革命变革，需要进行国际产能合作与资源配置。西部建设和发展枢纽设施，不能仅仅着眼于在当地范围内发挥枢纽作用，而忽视对整个西部通道的作用。围绕枢纽设施，仍然是传统的流通、批发为主，缺乏与新兴制造业的匹配，拉动实体经济和发挥干线物流通道效能的作用有待提高。

（九）外部设施联通存在瓶颈

沿线国家基础设施存在瓶颈，缺乏与国内衔接的高效交通运输基础设施网络，口岸建设水平和通关能力差异大，影响班列时效。境外基础设施瓶颈是制约中欧班列进一步提高效率的障碍。一是铁轨标准不一，缺少换轨通道。我国铁路是标准轨距（1435毫米），俄罗斯、哈萨克斯坦铁路为宽轨（1520毫米），越南、缅甸铁路为米轨（1000毫米）。二是口岸通行能力差，基础设施落后，口岸通行及换轨作业能力已经饱和，出现了口岸拥堵等问题。据测算，在欧亚大陆桥中段途经国家滞留时间约占整体运输时间的30%。三是境外基础设施建设滞后。目前，重庆至广西凭祥口岸的铁路已经贯通，覆盖中南半岛的泛亚铁路仍在规划建设中，尚未形成运输能力。

（十）外部不确定性较强

境外基础设施互联互通必须得到沿线国家政府的支持，各国出于各自政治、经济利益考虑，存在不确定性风险。部分国家政治局势不稳，社会持续动荡，局部地区还存在武装冲突，运输安全得不到保障，政权更迭导致已经签署的合作协议存在互认风险。部分国家对我国实施和平发展战略、"一带一路"倡议及陆海新通道合作心存疑虑，对参与通道建设持矛盾甚至抵触态度。

三、总体思路

以市场需求为导向，规划先行，共商共建，有序推进陆海新通道基础设施建设。以海铁联运作为陆海联动的优先运输方式，构建陆海新通道综合立体交通网，加强通道资源的综合统筹，实现综合运输通道内多种运输方式资源的最优配置和有效衔接，实现枢纽空间的集约共享。

重点完善云南、甘肃、重庆、贵州、广西、湖南等省份的铁路和公路通行能力，形成西部地区联通北部湾的陆海新通道境内主通道。同打造内陆国际物流枢纽和口岸高地，以跨境铁路和公路运输为载体，为建设陆上国际物流网络作支撑。建设广西北部湾国际门户港，提升面向东南亚的辐射能力，努力拓展通道主轴和支线网络覆盖区域及辐射范围。空中以构建国际航空网络为重点，在重庆建设西部航空货运枢纽，打破时空限制，与产业融合，发挥经济带动作用。

构建多式联运体系，形成多种运输组织方式高效联动，纵贯西北西南、联通中国西部与东盟国家（地区）的陆海通道主轴，辅以各节点拓展支线体系，提升辐射集聚效应，实现与中欧、中亚等国际通道的有机衔接，形成"一带一路"经中国西部地区的完整环线，构建联通全球的互联互通网络。

四、主要任务

（一）构建陆海联动主通道

构建西部陆上衔接海运航线的运输网络，进而联通新加坡等东盟国家以至世界其他国家的主通道。统筹利用通道资源，合理引导各种运输方式充分发挥比较优势，优化通道内各运输方式线路布局，提升物流网络的通达性、可靠性，满足多样化物流需求。优先加快建设铁路骨干通道，特别是加快西部铁路联通北部湾港的扩能改造，加快铁路货运发展。加快既有线扩能改造，提升线路运行速度及运行稳定性；在充分考虑地方财政条件的基础上，通过高速铁路建设实现客货分离，释放既有线路运能。提高公路干线运输能力，系统梳理沿线各省市高速公路通道线路，科学布局公路网络，打通各省市便捷高速公路。加强跨运输方式的衔接和协调，提高通道大容量、高强度物流服务能力，为市场主体一体化运作和网络化经营提供基础支撑。

（二）完善贯通国际陆路通道

共同建设东盟跨境公路通道。依托中国西部地区连接中南半岛国家的公路干线，从重庆等地出发，联通越南、老挝、缅甸以至新加坡等国家。

共同建设国际铁路联运通道。依托中国西部地区连接中南半岛国家的铁路干线，从重庆等地出发，经广西、云南等省区重点沿边口岸进出境，联通越南、老挝、缅甸等国家。结合泛亚铁路布局，形成多径路、快捷大能力运输通道。远期探索通过泛亚铁路经胡志明、皎漂港等东盟沿海港口出海的铁海联运模式。

（三）建设国际航空货运枢纽

统筹考虑区域机场群的规划布局，明确分工定位，以建设重庆国际航空货运枢纽为突破口，对接全球航空货运网络，助力产业进入全球供应链中高端。可探索设立航空货运枢纽、航空都市经济、军民融合、航空应急救援等方面的试点、试验区或示范区，成为我国新时期物流产业、新兴产业、改革开放和新型枢纽经济建设的排头兵和实验田，为打造内陆开放新高地提供有益的经验借鉴和示范作用。将航空货运枢纽建设纳入中国（重庆）自由贸易试验区范围，形成法治化、国际化、便利化的营商环境和公平开放统一高效的市场环境，提升贸易便利化水平，打造国际贸易的新空间、新高地，推动陆海合作、国际经济合作。

（四）构建多式联运体系

1. 优化集装箱场站布局

规划建设具有多式联运功能的综合货运枢纽。结合综合交通网络发展，通过调整既有铁路场站的规模及功能、异地建设、铁路引入既有公路枢纽、物流园区、港口等方式，强化集装箱运输功能，在枢纽城市建设铁路一级集装箱场站[⊖]，承担集装箱集散与分拨任务，满足快速班列、国际班列和多式联运需要，具备内陆港的基本功能，具有办理集装箱班列到发和整列装卸的能力。

2. 强化存量枢纽衔接配套

按照最新国家政策导向及市场需求，按更高的标准进行改造升级，提高其基础建设品质要求，提高其建设投产时间要求。以区域内国家级示范物流园区、铁路一级物流基地为主，优先整合现有物流园区，减少物流设施无效低效供给。对于已经纳入相关政府公开规划文件、已经明确提上重要议事议程的重大项目，根据实际市场需求和发展需要，通过多种方式实现规划型重大项目的加速推进和落地实施，快速形成对陆海新通道可持续发展的支撑力。

围绕铁路集装箱场站，加快公路配套建设，依托公路运输灵活便捷性，形成以一、二级铁路集装箱场站为中心的配送网络，实现"门到门"运输，解决"前后一公里"衔接不畅问题。加快实施铁路引入大型公路货运站、物流园区、产业园区工程，提升设施设备衔接配套水平，有效减少货物装卸、转运、倒载次数，提高枢纽一体化水平。

3. 加强集疏运体系建设

建设一批港口疏港铁路、公路，与连接多式联运物流枢纽形成联系，进一步拓展延伸服务腹地范围。完善主要物流园区、集装箱中心站、航空货运站等进出站场配套道路设施。推进港站一体化，实现"海箱上路、铁箱下水"，提高铁路集疏运比重，形成干支布局合理、衔接有效的海铁联运体系，加快港区铁路装卸场站建设。加快推进北部湾港等

⊖ 场站年作业能力不低于 60 万 TEU。

沿海港口疏港铁路建设，建成便捷高效的多式联运系统。优化港区短驳作业流程，提高班列作业效率，减少集装箱在港停留时间。

4. 优化公铁联运模式

加强与第三方物流企业、零担干线运输企业等合作，强化货源组织和集散功能，推进开行公铁联运班列，提高干线运输组织效率和辐射范围，引导大宗物资、商品汽车等中长距离公路运输有序向铁路转移，支持重庆—东盟跨境公路运输通道基础设施改造。

5. 强化多式联运组织衔接

推动铁路场站、港口、航运等企业合作建设铁路内陆港，打造完整的国际联运和铁水联运系统。研究探索发展铁路双层集装箱运输、铁路驮背运输，积极推进冷链运输。依托重点陆路口岸，探索开展跨境甩挂运输，推进中越陆海联运滚装甩挂运输有序发展。

（五）优化枢纽城市空间布局

以重要的联运枢纽（城市）为核心，打造由物流园区、特色产业、配套服务等共同组成的通道经济体。引导枢纽城市利用各自比较优势，协同发展，发挥辐射带动作用。以兰州、重庆、贵阳、南宁为主要枢纽城市，构建骨干通道。推动具备条件的城市与枢纽城市对接，拓展辐射范围，形成轴辐式通道网络，充分发挥重要枢纽的中心节点作用，形成集结中心。

（六）加强连接口岸的通道设施建设

加快枢纽城市与崇左（凭祥）、东兴、德宏（瑞丽）、西双版纳（磨憨）、红河（河口）等口岸的通道设施建设，增强连接口岸的运输能力。

扩大连接口岸的铁路能力，对接中南半岛铁路网，提升通道贯通内外、高效衔接能力和水平。布局建设口岸周边的物流园区，为边贸提供集散支撑。

（七）推进通道标准化信息化建设

推动建立由物流单元、运载单元、运输工具、转运装备组成的运输装备标准体系，提高通道运输装备的匹配性、专业化和标准化水平，加强与国际标准的对接。研究出台新通道多式联运电子单证、铁路货票等物流单证类标准及多式联运规则，完善各运输方式信息共享标准和机制。

五、保障措施

（一）强化国际通关合作

发挥国务院口岸工作部际联席会议制度的统筹协调作用，解决改革实施中跨部门重大问题，进一步健全跨区域、跨部门的通关协作和执法联动响应机制，营造更具有吸引力的国际化、法治化营商环境。完善检验检疫通关一体化工作机制和"三互"运作模式。扩大"出口直放、进口直通"模式覆盖面，提高口岸通关效率和物流效能。跨境电商三单对比应更注重电商业务发展的客观实际，在确保监管的同时对政策进行调整。

（二）加强港口间分工与合作

面向东盟开放发展，提升互联互通水平，主动融入"一带一路"建设，加强广西北部湾港口群与东盟国家港口在相互通航、港口建设、港航信息、国际贸易等方面开展深度交流与合作。充分发挥广西北部湾港口群和粤港澳大湾区港口群、海南洋浦港的比较优势，加强与新加坡港合作。

提高内陆港的建设水平，积极在通道枢纽城市布局内陆无水港，在西部进行黄金水道港口、广西北部湾港口群、内陆无水港多方式、多层次的港口网络布局，形成海向一体化和陆向一体化的双向发展。

（三）推进产业园区互动合作

大力推动跨国跨区域经贸交流，依托通道加强与东盟等国家开展项目合作，推进一批跨境经济合作区、产业园建设。培育发展通道经济，提升生产性服务业发展质量，为现代制造业提供全方位供应链服务（机电产品、摩托车）。依托沿线传统和新兴的重点产业基础，集聚要素资源，推进产业协作配套和资源优势互补，推动产业与贸易、物流、信息、金融等领域融合发展，优化空间布局，打造一批海鲜、水果、粮食、木材等特色商品境内外物流分拨中心和区域性批发交易市场。与特色产业结合，大力推进冷链物流发展。打造高品质陆港经济区，提升临港（空、海港）经济区发展水平，发挥对经济的带动作用。

（四）引入市场主体

吸引一批在世界范围内具有影响力和服务能力的大型跨国物流企业参与到陆海新通道的建设和运营中，充分发挥市场在资源配置中的决定性作用。适应全球化物流格局的新变化，并参与全球竞争，充分依托大型跨国物流企业完善的服务网络和先进的运营模式，提高基础设施的效率和服务质量，加快培育陆海新通道的"全球物流经营人"。

（五）建立部门协同机制

根据任务分工和部门职责，完善会商沟通机制，协调解决通道建设中的规划、投资、便利通行、通关、安全应急管理等重大问题。创新中央和地方合作模式，研究建立通道沿线跨省联动合作机制，协同推进通道建设。汲取"中欧班列"在前期发展中的经验与教训，建立物流企业间的协作联盟，促进运力高效配置，避免各地补贴争抢货源。

（六）深化"放管服"

依托全国投资项目在线审批监管平台，发挥在线平台电子监察、实时监控功能，压减审批时间。优化投资环境，推进工程建设项目审批制度改革，压减报建时间。

（七）完善金融配套政策

在积极争取中央和地方财政支持的同时，引导金融机构加大对通道重大项目的信贷支持。研究并推进 PPP 模式，引导带动社会资本参与通道重大项目、重点工程建设。

17 将海南自由贸易港打造为交通运输开放高地[⊖]

近年来，海南省积极推进自贸港建设，与交通运输等部门共同努力，进一步实施更加便利的运输政策，建立更加开放的航运制度，"中国洋浦港"船籍港建设向前迈出更大一步，交通运输基础设施建设项目稳步推进，琼州海峡一体化取得标志性成果，整体呈现出生机勃勃的良好局面。

一、进展成效

对外开放政策促进航运市场较快发展。进一步完善国际船舶登记制度体系，新登记或转籍到洋浦港的船舶达 80 余艘。制定出台《海南自由贸易港国际船舶条例》，在放开登记主体外资占比限制、放开国际船舶法定检验等方面开展创新探索。增加运力投放，增开航线航班，2021 年 1～11 月，洋浦港集装箱吞吐量 123.1 万标箱，同比增长 36.5%，航线达 38 条；境外航空货运航线累计开通 13 条，实现国际货运吞吐量 7154 吨，同比提升 709%；全省登记游艇 1217 艘，同比增长 49%，出海人次 104 万人次，同比增长 60%。

基础设施建设项目平稳推进。2021 年 12 月，海口美兰国际机场二期

⊖ 写于 2021 年 12 月。

238

扩建项目正式投入运营，到 2025 年可满足年旅客吞吐量 3500 万人次、年货邮吞吐量 40 万吨的标准。洋浦港小铲滩区域规划方案已完成调整，为加快推进洋浦港国际集装箱枢纽港扩建工程等提供支撑。洋浦港疏港大道、新海港综合交通枢纽、美兰空港一站式飞机维修基地等项目进展顺利。

以"政府引导、市场运作"为方式的琼州海峡一体化取得实质进展。海南、广东两省政府签定了《琼州海峡港航一体化资源整合项目战略合作框架协议暨航运资源整合项目合作协议》，同时成立了两岸统一的航运资源运营管理平台公司，组建琼州海峡港航一体化的市场投资运营主体，于 2022 年 1 月正式运营。探索建立一体化的搜救应急协同机制和锚地建设规划。

二、高水平对外开放政策对于提升海南自贸港枢纽竞争力至关重要

国际航运枢纽是资源要素配置的中心，国际航运枢纽的更迭变化影响着国际产业链供应链格局。20 世纪八九十年代"亚洲四小龙"利用发达国家向发展中国家转移劳动密集型产业的机会，经济和贸易快速增长，香港、新加坡、高雄、釜山四大国际航运枢纽全球排名靠前。我国于 2001 年正式加入世贸组织后，对外贸易规模快速增长，港口吞吐量实现快速上涨。2021 年，全球港口集装箱吞吐量前 10 名中有 7 个是中国港口（见表 5-3）。

表 5-3　1980～2021 年全球港口集装箱吞吐量前十名变化情况

名　　次	1980 年	1990 年	2000 年	2011 年	2021 年
1	纽约新泽西	新加坡	香港	上海	上海
2	鹿特丹	香港	新加坡	新加坡	新加坡
3	香港	鹿特丹	釜山	香港	宁波舟山

（续）

名　　次	1980 年	1990 年	2000 年	2011 年	2021 年
4	高雄	高雄	高雄	深圳	深圳
5	新加坡	神户	鹿特丹	釜山	广州
6	汉堡	洛杉矶	上海	宁波舟山	青岛
7	奥克兰	釜山	洛杉矶	广州	釜山
8	西雅图	汉堡	长滩	青岛	天津
9	神户	纽约新泽西	汉堡	迪拜	洛杉矶长滩
10	安特卫普	基隆	安特卫普	鹿特丹	香港

数据来源：英国劳氏。

越南对外贸易持续高速增长，港口位势不断跃升，与日本联手打造泛北部湾国际航运枢纽。2021 年越南进出口贸易总额为 6690 亿美元，是 2011 年的 3 倍，规模约为韩国的一半，与我国浙江省相当，远超西部陆海新通道途径的四川、广西、重庆等省份。其中，对美出口 956 亿美元，占越南全年出口总额的 28.4%，对美出口额较 2015 年增长了 2 倍。在中美激烈博弈的世界大变局下，我国部分产业链供应链向东盟转移，越南成为最大受益者。2021 年越南电子零件、纺织品出口 507.9 亿美元、327.5 亿美元，分别是 2011 年的 10.9 倍和 2.5 倍。越南高科技产品出口额占制成品出口额的比重由 2011 年的 18.8% 上升到 2020 年的 41.7%。世界银行等国际机构预测，越南经济将在 2025 年前保持 6%～8% 的增速，进出口贸易额有望保持 10% 以上的增速，海运需求也将快速增长。

越南港口建设投入进一步加大，泊位空间在过去 20 年增加了 8 倍。越南计划到 2030 年投资约 60 亿～80 亿美元用于国际航运枢纽建设。日本看重越南的外贸和航运潜力，为了更好服务日本在东盟产业链发展，降低对中国的依赖，近年加大对越南港口建设的投资，尤其是合作扩容海防港，短短 4 年海防港成为越南北部最大集装箱港。越南和日本均希望将海防港作为欧美主航线的一大中转站，不再通过中国和新加坡进行拼箱，直航到欧美等国。

目前西部陆海新通道下的北部湾港、洋浦港、湛江港三港暂处竞争劣势。2021 年，越南胡志明港、海防港、盖梅港已跃升至全球集装箱港口第 22 位（795 万标箱）、28 位（569 万标箱）、32 位（538 万标箱），三港总吞吐量达 1902 万标箱，远高于西部陆海新通道北部湾港（601 万标箱）、洋浦港（131 万标箱）、湛江港（135 万标箱）总吞吐量 867 万标箱。如果洋浦港、湛江港不能快速崛起，越南港口率先开行直航欧美航线，将导致我国泛北部湾区域港口成为越南港口的"喂给港"，西部陆海新通道成为东盟的"喂给通道"。

国际经验表明，国际集装箱中转业务做大做强需要更加开放有力的沿海捎带政策作为支撑。洋浦港近年来箱量增长较快，取得了一定进展，成绩斐然。未来，如果以与北部湾港一道追赶越南港口群集装箱吞吐量规模为目标进军，短期仍需要翻倍甚至几倍集装箱吞吐量的增长。从因地制宜、因业制宜的角度，洋浦港与东部沿海港口不同，没有广袤的经济腹地与制造、加工贸易等基础，国际集装箱中转业务是其短期规模实现快速增长的重要路径，也是其结合海南自贸港政策优势吸引要素集聚的重要手段。当前，我国北方港口大量外贸集装箱选择到周边国家（地区）中转。2021 年，釜山集装箱国际中转箱量为 2269 万 TEU，国际中转比例达到 54%，其中近一半来自中国，主要是我国北方港口。釜山港能在近三十年中保持国际航运枢纽位势，依托的是其国际集装箱中转业务不断做大做强，由原来依托韩国本土加工贸易到依托国际集装箱中转业务的国际经验，可为洋浦港借鉴。

三、政策建议

海南自贸港要尽快形成国际航运枢纽和航空枢纽，吸引国际资源和要素集聚，实施更加自由便利开放的运输政策，增强区域辐射带动作用，打造我国深度融入全球经济体系的前沿地带。

一是进一步突出洋浦港的区域枢纽港战略作用，增强航运要素集聚能级。突出顶层设计，统筹泛北部湾港口分工协作，形成错位互补发展与紧密协作格局。充分发挥各港口的特色和优势，协调好广西北部湾自由贸易试验区、洋浦自贸区、粤港澳大湾区的关系，洋浦港与北部湾港（钦州港、北海港、防城港）、湛江港等周边港口统一规划、统筹建设。着眼发展全局，因地制宜、因业制宜，明确各港口的功能定位，洋浦港重点发展远洋运输集散，开拓赴欧美主航线，尽快成为区域国际集装箱枢纽港。北部湾港、湛江港等对洋浦港形成远洋货物喂给，洋浦港支持这些港口发展区域货物集散、临港加工、大宗商品交割等增值服务。

二是组建洋浦-北部湾港-湛江组合港，以港口群合力提升资源要素集聚能级。借鉴琼州海峡港航一体化经验，积极推动洋浦港与北部湾港、湛江港等周边港口资源整合，通过政府谋划推动、企业友好协商、市场资本运作的方式，促成港口企业间以资本为纽带形成利益共同体，统筹航线布局、统一信息平台，组建洋浦—北部湾港—湛江组合港统一市场主体（以下简称组合港），共同推进具有共识性的新增集装箱码头加快落地。通盘考虑，组合港与珠三角港口一道共同建设面向南海的世界级港口群，对珠三角港口和龙头航运企业将部分航线和国际拼箱业务转至洋浦—北部湾港—湛江组合港给予阶段性补贴，实现赴欧美主航线快速培育、组合港集装箱吞吐量规模迅速提升。探索双层利益分享机制，即在存量利益不变、增量利益共享条件下，鼓励珠三角港口和龙头航运企业依据股比，分享泛北部湾组合港的收益和港口吞吐量。2021年广东省全省港口完成集装箱吞吐量7078万标箱，位居全国首位。如果洋浦—北部湾港—湛江组合港短期内能够承接广东港口1000万个标箱，既不会改变珠三角航运地位，又能短期实现港口群规模的追赶，更好聚力打造面向南海的世界级港口群。

三是加快推进具有前期工作基础的重大项目建设，构建现代综合交

通运输体系。加强与军队、中央部门沟通，召开多方联席会议，尽早完成三亚新机场前期工作。加强与自然资源等部门沟通，提高省内环境评价审批效率，推动马村港等基础设施建设项目尽早动工。充分挖潜海口美兰机场新货站和保税仓能力，优化货物防疫监管流程，不断提升航空货运保障能力。着眼长远，推动湛海高铁、琼州海峡跨海通道等重大基础设施项目"小步快跑"。

四是积极争取进口燃料油资质，加快构建保税油产业链。参考宁波—舟山港经验，近期走"两条路"，一方面积极与商务、海关部门协商，为省内保税油供应企业争取进口燃料油资质与燃料油配额；另一方面，促成具有进口燃料油资质与燃料油配额的企业与省内企业合资合作。远期参考新加坡经验，围绕大宗能源物资、新型石化等发展需求，建设产业大港，推进海口港马村港区、八所港建设，服务油气产业、临港石化产业发展，形成保税油生产、加注、运输全产业链。

五是适当降低对"零关税"进口船舶每年到海南的航次要求。根据中国香港税务局和新加坡现行航运优惠政策资料显示，中国香港和新加坡对于船籍注册在当地的船舶税费减免均无每年回港的要求。中国香港的航运税费政策主要集中于船舶营运业务，对于船舶交易免税，历史上也没有出台过通过要求每年回港次数限定来吸引船舶靠泊的要求。新加坡同样没有关于回港次数限定的政策要求。新加坡最早于 1966 年开始实行新加坡船籍注册，注册新加坡船籍可享受税费减免和资费优惠。自1969 年以来，新加坡便开始对新加坡旗船在国际航运的营运利润实行免税。这项免税政策在20 世纪 70 年代和 80 年代一定程度上扩大了新加坡船队规模。但是由于大部分船队的经营基地都设在海外，因此没有得到吸引航运要素集聚的效果。为吸引更多跨国航运企业在新加坡设立亚洲总部，新加坡政府根据经济扩张促进法和所得税法等推行了一系列支持航运、港口以及海洋技术发展的长效政策，旨在提升新加坡国际航运中心地位、鼓励本地和海外船东和船舶运营商在新加坡建立运营中心。起初该项计划只针对拥有或运营货船的船公司实行免税，从 2000 年起浮式存卸货船和浮式生产储存卸货船，2003 年起拖带船和打捞船，2005 年起挖泥船、震波勘测船和石油钻塔也都可以享受免税。2005 年起，船舶租赁公司也可以享受该优惠政策，但还只限于运营租赁，不包括金融租赁。

六是分阶段建立"枢纽对枢纽"的沿海捎带网络，统筹发展与安全，审慎选择试点开放的港口和航线。我国在釜山港中转的集装箱大部分来自我国大连港、天津港、青岛港等北方港口。北部湾港、珠三角部分港口均在新加坡中转拼箱。建议对标上海自贸区新片区的沿海捎带政策，允许符合条件的境外国际集装箱班轮公司的非五星旗国际航行船舶开展选择上述部分港口与洋浦港之间，以洋浦港为国际中转港的外贸集装箱沿海捎带业务试点。在预期效果较好的同时，做到风险可控。对开展沿海捎带业务的集装箱参照国际中转箱进行监管，进一步简化中转港的单证流转和通关手续，解决港口内部跨关区问题和二次转关问题。运用区块链等先进技术，解决内外贸同船监管问题。

18 加快现代流通体系建设先行突破——以山东省为例[○]

当前，中国特色社会主义进入新时代，我国社会主要矛盾已经转化为人民日益增长的美好生活需要和不平衡不充分的发展之间的矛盾，经济已由高速增长阶段转向高质量发展阶段。面对百年未有之大变局，以习近平同志为核心的党中央做出了要加快构建以国内大循环为主、国内国际双循环相互促进的新发展格局的重大战略部署。在这一背景下，山东省也面临新的发展契机以及严峻挑战，迫切需要加快建设现代流通体系提高经济总体运行效率，更好连接生产与消费，以流通体系升级支撑传统经济转型升级，为山东省实现建设新时代现代化强省的目标进行率先突破。

一、山东省流通体系的现状

山东省区位优势突出，交通条件优越，产业基础雄厚，经济发展较快，物流规模不断壮大，具备构建现代流通体系的良好条件。

商贸物流规模居于全国前列。"十二五""十三五"期间，山东省商贸物流业取得长足发展，物流需求持续扩大，物流规模居于全国前列。2019 年山东省铁路、公路、水路货运量为 30.9 亿吨。其中，铁路货运量为 25650.25 万吨，公路货运量为 266124.2 万吨，水路货运量为 17758.28

○ 写于 2021 年 10 月。

万吨。批发、零售、住宿、餐饮、居民服务等商贸服务业及货物贸易迅速发展，对商贸物流服务需求不断扩大。

综合交通运输基本成网。山东省"四横五纵"综合运输大通道加快贯通，济青高铁、鲁南高铁等相继通车，省内高铁成环运行，通车里程达到 2110 公里。城市轨道交通通车里程达到 339 公里，济南、青岛进入地铁时代。高速公路通车里程达到 7473 公里，提前一年实现"县县通高速"。沿海港口货物吞吐量达到 16.9 亿吨，居全国第二位。2020 年青岛港货物吞吐量和集装箱量在国内港口均排名第五位。青岛胶东国际机场、济南遥墙国际机场二期等工程加快推进。

流通现代化水平得到提升。商贸流通网络加快向中小城市延伸，向农村乡镇下沉，向居民社区拓展，服务能力不断增强。仓储分拣、装卸搬运、包装加工、运输配送等专用设施设备和条形码、智能标签、无线射频识别、可视化及跟踪追溯系统、全球定位系统、地理信息系统等先进技术加速应用，云计算、大数据、物联网、移动互联网等新一代信息技术日益推广。商贸物流服务更加高效便捷，"及时送""定时达"等个性化服务以及"门到门"等一站式服务更加普及。

外贸进出口不断增长。山东省外贸进出口规模不断增长，腹地支撑能力强劲。2020 年，全省进出口 22009.4 亿元，增长 7.5%，高于全国 5.6 个百分点，在全国前六大省市位居第二。出口 13054.8 亿元，增长 17.3%，高于全国 13.3 个百分点，在全国前六大省市位居首位。商品结构持续优化。机电产品、纺织服装、农产品出口分别增长 19.2%、19.9%、1.9%。防疫物资、宅经济出口带动强劲，分别增长 243.9%、38.6%。主要贸易伙伴进出口高速增长。对"一带一路"沿线国家进出口增长 9.1%，占全省进出口的 30%，比重提高 0.4 个百分点。对第一大贸易伙伴东盟进出口增长 24.4%，对美国、欧盟、韩国、日本进出口分别增长 26.4%、14.8%、6.6%、3.7%。外贸新模式新业态发展迅猛。跨

境电商进出口 138.3 亿元，增长 366.2%。市场采购贸易方式出口 343.4
亿元，增长 84.5%。

新模式新业态发展迅速。线上消费快速发展，山东省实现网络零售
额 4505.1 亿元，增长 12.6%，其中，实物型网络零售额 3731.2 亿元，增
长 19.8%。商贸物流企业加快推动平台建设，形成了公共信息服务平台、
资源整合交易平台、跨境电子商务平台等物流平台发展模式。适应连锁
经营发展需要，形成了供应商直接配送、连锁企业自营配送、社会化配
送及共同配送等物流配送模式。市场主体着眼于供应链管理，形成了商
贸物流全产业链集成发展、互联网引领物流发展、商贸业和制造业联动
发展等融合发展新模式。商贸物流企业积极推动全过程标准化管理，形
成了供应链上下游企业"结对子"协同推进标准化、组建联盟创新推进
标准化、大型企业集团在系统内部推进标准化、以标准托盘应用为依托
推进商业流程标准化、以标准周转箱应用为依托推进农产品物流标准化
等标准化推进模式。

二、山东省流通体系的堵点及成因

流通体系是打通生产、消费的重要支撑，起到畅通双循环、促进内
外市场联系的关键作用。当前，全国各地都在积极构建现代流通体系，
山东省虽然有良好的基础条件，但相较于江苏、浙江、上海、广东等省
份，还有进一步提升空间（见表 5-4）。

表 5-4　山东与国内主要省份的部分流通体系指标比较*

对标内容	指　标	山　东	江　苏	浙　江	上　海	广　东
基础条件	地区生产总值（亿元）	70 540.5	98 656.8	62 462.0	37 987.6	107 986.9
	面积（平方公里）	157 900	107 200	105 500	6340.5	179 725

（续）

对标内容	指　标	山　东	江　苏	浙　江	上　海	广　东
基础条件	人口（万人）	10 152	8474	6456	2487	12 601
	公路里程（万公里）	28.03	15.99	12.18	1.30	22.03
	铁路营业里程（万公里）	0.66	0.36	0.28	0.05	0.47
网络能级	货运量（万吨）	309 533	262 749	289 011	121 124	358 397
	货运周转量（亿吨公里）	10 166.42	9947.68	12 391.92	30 324.90	27 373.67
	快递量（万件）	288 856.17	574 060.40	1 326 252.08	313 326.08	1 680 594.05
	主要港口吞吐量排名	青岛港第5，日照港第8，烟台港第9	苏州港第6，镇江港第10，南通港第12，泰州港第14	宁波舟山港第1	上海港第2	广州港第4
	主要港口集装箱量排名	青岛港第5，日照港第12	苏州港第8，连云港第13，	宁波舟山港第2	上海港第1	深圳港第3，广州港第4，佛山港第14，东莞港第15
市场主体	亿元以上商品交易市场数（个）	371	447	668	118	286
	境内货源地出口总额（千美元）	171 044 269	402 978 294	339 583 067	170 097 115	719 914 859
	境内目的地进口总额（千美元）	187 711 974	275 547 466	112 129 869	303 602 781	464 350 508
商业活动	社会消费品零售总额（亿元）	29 251.2	37 672.5	27 343.8	15 847.6	42 951.8
制度规则	自贸区范围（平方公里）	119.98	119.97	119.95	第一批120.72；临港新片区873	116.2
	物流绩效指数	3.587（15）	3.692（8）	3.667（1）	3.799（2）	3.703（5）

注：考虑到疫情影响，采用 2019 年国家统计局数据。物流绩效指数采用中国物流与采购联合会《全国重点城市物流绩效第三方评价报告（2018 年）》。

一是流通网络体系及功能有待提升。虽然山东整体交通基础设施条件在全国名列前茅，公路里程和营运里程高于江苏、浙江、广东，但省内发展不均衡，鲁南地区城市间缺少高铁连接。骨干外联通道少，在全国骨干流通网络中，仅有东部沿海流通通道与山东"擦边"而过；在全国 11 条物流大通道中，仅有青银物流大通道经过山东，缺乏与经济发达地区、产业集群密集地区的外部联系。

二是缺乏具有国际影响力的流通市场主体。与浙江、广东、上海相比，山东缺乏具有国际竞争力和影响力的流通市场主体。即使临沂被誉为物流之都，但市场主体仍以"小、散、弱"为主。青岛港、山东高速、日日顺等企业规模较大，但专业服务能力有待进一步提升，围绕国际产业链供应链的服务较少，还是以传统物流业务为主。

三是传统流通发展模式仍需加快转型创新。商城、物流园区等线下流通实体客货流逐年减少，亟待转型升级。从货运量看，山东仅次于广东，说明山东有一定的货源基础和生产需求，但从周转量看，山东较上海、广东有较大差距，说明流通效率有待进一步提高。从代表新模式、新业态、新消费流通能力的快递量指标看，山东仅是江苏的一半，是浙江的五分之一，广东的六分之一，流通发展模式亟待升级转型。此外，山东传统流通发展特色不足，没有形成自身流通发展的靓丽名片。

四是资源要素集聚能力不强。山东在京津冀和长三角两大国家重点支持的区域之间，要素虹吸效应明显。从代表流通要素集聚能力的主要港口集装箱量排名看，山东省青岛排全国第 5 位，日照港仅排名全国第 12 位，与上海港、宁波舟山港差距较大，也没有形成如广东省的港口集群生态，广东省有 4 个港口集装箱量排进全国前 15 名，分别是深圳港第 3 位，广州港第 4 位，佛山港第 14 位，东莞港第 15 位。从货源地进出口总额看，山东进出口较为平衡，但进口远少于广东、江苏、上海，出口仅是江苏的二分之一、广东的四分之一，资源要素聚集配置能力有待增强，双循环的能力亟待提升。

三、总体思路

面向百年未有之大变局，山东现代流通体系建设应贯彻新发展理念，推动高质量发展，深化供给侧结构性改革，充分发挥市场在资源配置中的决定性作用，更好发挥政府作用，聚焦"商贸+物流+关键基础设施"，提高要素资源高效配置和集聚能力，统筹推进现代流通体系硬件和软件建设，发展流通新技术新业态新模式，实现创新驱动，作为建设现代流通体系的核心。培育特色物流产业，壮大具有国际竞争力的现代物流企业，优化营商环境，为山东加快融入新发展格局提供有力支撑。

（一）以提升功能为目标，构建现代流通网络

优化完善综合运输通道布局，畅通中日韩"海上高速公路"。加强高铁货运和国际航空货运能力建设。补齐鲁南地区高铁网短板，尽快形成临沂、枣庄、济宁等鲁南城市之间的高铁网，完善鲁南地区与济南、青岛的综合交通网络。建立青岛经济南联通南北、西至中原城市群的流通骨干通道，打通与经济发达地区、产业集群密集地区的外部联系。统筹省内枢纽分工布局，制定现代流通体系规划。

（二）打造中欧班列集结中心，形成要素集聚优势

积极申请将"齐鲁号"中欧班列列为国家中欧班列集结中心示范工程，在运输组织、货源组织、金融和信息服务等方面先行先试。积极推进"班列+贸易""班列+金融""班列+园区"，大力促进中转集结，加快提升金融结算功能，促进跨境贸易和投融资便利化，推动班列运输与国际贸易结算一体化发展，打造面向"一带一路"国家的物流中心、贸易

中心、金融中心。全力拓展班列运输网络和覆盖范围，向西常态化开行中欧班列"齐鲁号"，加快"数字化中欧班列"建设，加强汽车、电子产品等高附加值货物进出口，推动中欧班列高质量发展。密切与中欧班列"长安号"的联系，打通西向通道；强化与日本、韩国及东南亚国家的贸易联系，扩大中欧班列济南集结中心的辐射半径。

（三）打造以青岛为龙头的现代化港口群，建设东北亚国际航运枢纽

加快山东省港口资源整合步伐，尽快形成以青岛港为龙头的现代化港口群。完善港口集疏运体系，大力推动大型专业化深水泊位建设，不断提高集约化、智慧化水平。加快建设以东北亚为重点的国际航运枢纽，打造国际航运中心。充分发挥"陆海空铁地"资源优势，拓展多式联运应用，强化枢纽功能。重点推进航运信息和交易平台建设，提升港口物流服务功能、产业集聚功能和开放服务功能。充分发挥青岛在"一带一路"新亚欧大陆桥经济走廊建设和海上合作中面向国内外的辐射作用。

（四）打造临沂全国新零售物流中心，形成产业互促、集中高效的枢纽经济

加强与数字经济龙头企业的交流合作，充分挖掘直播电商等新零售业态的创新力量，赋能临沂物流服务全面升级。临沂小商品市场依托新零售新业态升级为智慧市场，不断扩展商品集散网络。建立新零售人才的教育培训基地，形成产业与物流相互促进的枢纽经济。

（五）建设关键流通平台，建立城市间的利益共享机制

依托山东高速等要素整合平台或海尔等产业平台，建设关键流通平台，打造北方供应链管理中心和东北亚寄递物流中心。加强流通平台与

全球龙头企业的合作，提升关键枢纽的集货能力和国际物流集散服务能力；通过关键平台，推动城市间流通基础设施建设等协调联动，避免无序竞争，促进货源向关键枢纽集中集聚。

（六）以数字化智能化为核心，加快提升流通体系现代化水平

以数字化、智能化为核心，促进流通体系转型升级，提高存量效率，为增量扩张创造基础。发展流通新技术新业态新模式，推动构建新型物流营运平台和信息平台，积极发展无人机（车）物流，支持无接触交易服务。加快关系居民日常生活的商贸流通设施现代化改造升级，积极推进电商、冷链、大件运输等专业化物流发展。加快"商仓流"一体化转型发展，建设智能云仓，鼓励生产企业、商贸流通共享共用仓储基础设施。

（七）以培育现代流通企业为重点，提升流通企业国内国际竞争力

鼓励生产、商贸等企业与物流企业联动，推进数字化、智能化改造和跨界融合，培育形成具有国际竞争力的流通企业，积极稳妥推进境外分销服务网络、物流配送中心等设施建设，提高国际供应链服务质量。支持物流、快递企业和应急物资制造企业深度合作，构建关键原材料、产成品高效应急调运体系。

（八）以冷链体系建设为支撑，增强农产品流通创新发展能力

加快补齐冷链设施短板，打造辐射全国的冷链物流集散中心，提高本地区农产品冷链流通率，完善农产品流通骨干网。加强农产品追溯体系设计创新。加强产地农产品流通基础设施建设，升级改造清洗预冷、分等分级、冷藏冷冻、包装仓储、冷链运输、加工配送等商品化处理设

施和贮藏设施，提升农产品流通现代化水平。改造升级一批现代化农产品批发市场，提升农产品流通体系的数字化能力。

（九）以优化营商环境为途径，提升区域流通要素集聚配置能力

完善社会信用体系，加快发展普惠金融，有效降低流通环节中的交易成本。加大人才培养和吸引力度，建立现代流通产学研体系。优化营商环境，提高通关效率。加快发布商城价格指数、市场景气指数、大宗商品指数，建设在全国有重要影响力的商品交易中心和价格发布中心。

四、政策建议

（一）鼓励流通技术创新

鼓励 RFID（射频识别技术）、物流机器人、自动化分拣机械臂等新设备在物流企业中的广泛使用，特别是新设备、新思维的引入。鼓励共享货车、可循环托盘、供应链专业服务等新模式的广泛推行，充分释放空闲的、可剩余的设施设备资源和运营服务能力，并逐步优化共享服务质量水平，真正为需求方提高运营效率、降低物流成本。支持有条件的企业开展网络货运业务。建立健全物流信息采集、处理和服务的交换共享机制，实现企业内部、企业之间信息资源的互联、互通、交易与共享。积极推进公共信息平台、专业信息平台和物流企业信息平台的有效对接，促进各类物流信息的有效联通，实现资源共享。

（二）推广低碳技术应用

着眼绿色流通、低碳流通发展，大力推进新能源、新材料技术在流

通领域的广泛应用，推动全产业链向绿色仓储、绿色包装、绿色加工、绿色配送、绿色运输转变。

（三）提升治理能力

提高管理部门综合治理能力，推动建立行政执法、行业自律、公众监督相结合的流通市场监管体系。推进诚信体系建设，着力推进发改、商务、交通、市监、公安、税务、金融、口岸等部门信息共享。探索增加物流业增值税抵扣范围，切实优化营商环境，提高通关时效，进一步减少审批环节，为企业减税降费，降低物流成本。

（四）强化人才引进与培养

制订物流人才引进和培养计划，建立和完善多层次、多元化教育培养体系。促进产学研深度合作，引导高校、科研机构与骨干企业联合建立流通培训和试验基地，多渠道培养复合型流通高端人才。鼓励和支持流通企业培养引进熟悉国际物流规则、精通现代流通管理的高层次人才。

后　记

当下，世界之变、时代之变、历史之变正以前所未有的方式展开，人类面临严峻而复杂的挑战。近年来，我们针对"一带一路"贸易通道建设、国际物流供应链发展热点、难点问题出了一系列研究成果，其中有很多成果得到领导同志批示。书中的一些研究，王青、 刘涛、王念、黄千员、刘伟华、武善杰等同志提供了素材和修改意见，谨致诚挚感谢。

参考文献

[1] 习近平. 习近平谈治国理政（第一卷）[M]. 北京：外文出版社，2014.

[2] 习近平. 习近平谈治国理政（第二卷）[M]. 北京：外文出版社，2017.

[3] 习近平. 习近平谈治国理政（第三卷）[M]. 北京：外文出版社，2020.

[4] 习近平. 习近平谈治国理政（第四卷）[M]. 北京：外文出版社，2022.

[5] 马建堂. 十年伟大飞跃[M]. 北京：人民出版社，2022.

[6] 新华网.（二十大授权发布）中国共产党第二十次全国代表大会在京开幕 习近平代表第十九届中央委员会向大会作报告[EB/OL].（2022-10-16）. http://www.news.cn/politics/leaders/2022-10/16/c_1129067252.htm.

[7] 国务院发展研究中心"一带一路"课题组. 构建"一带一路"产能合作网络[M]. 北京：中国发展出版社，2020.

[8] 国务院发展研究中心"一带一路"课题组. 推动共建"一带一路"高质量发展：进展、挑战与对策研究[M]. 北京：中国发展出版社，2021.

[9] 王微，李汉卿. 论加快国际物流供应链体系建设畅通国内国际双循环[J]. 北京交通大学学报（社会科学版），2022, 21（3）: 25-33.

[10] 尤西·谢菲. 大物流时代：物流集群如何推动经济增长[M]. 岑雪品，王微，译. 北京：机械工业出版社，2019.